월 50만 원으로

평온·김지형 지음

8억 만드는

배당머신

평생 든든한 배당주 월급 부자

이나우스북스

들어가며

장판 밑에 돈 넣어두던 고졸 공돌이, 대한민국 1% 부자가 되다

첫 6개월치 월급을 모두 도둑맞은 고졸 공돌이, 명함만 8번을 넘게 바꾼 프로 이직러 외벌이 회사원, 집주인이 배 째라고 버티는 바람에 울며 겨자 먹기로 영끌해 전셋집을 사들인 전세 피해자, 사내 정치에는 영 젬병이라 윗사람들 눈에 못 들고 이리저리 밀려 다니기만 한 좌천 전문(?)가. 모두 다 필자가 거쳐온 삶의 경로입니다.

이런 평범한 소시민이던 필자는 아주 우연한 계기로 미국 배당주 투자를 시작하게 됐고, 그 결과 현재는 순자산 기준 대한민국 상위 1%를 훌쩍 뛰어넘어 회사 생활과 노후에 여유를 갖게 되었습니다.

미국 배당주 투자를 시작하면 매월 달러가 자동으로 복사되는 배당머신을 장만한 것입니다. 이 머신은 미국 주식 시장의 폭등과 폭락에 상관없이 정해진 날에 달러를 자동으로 복사해줍니다. 이 달러를 재투자하면 다음 달에는 어김없이 배당금이 늘어나고, 그 돈을 다시 재투자하면 또 그만큼 배당금이 늘어납니다.

이 머신에서 따박따박 나오는 달러는 인간의 보상 심리를 100% 만족시킵니다. 회사 월급은 1년에 딱 한 번 겨우 쥐꼬리만큼 오르지만, 달러 배당머신은 매월 재투자한 만큼 즉각즉각 배당금을 지급합니다. 때로는 10%씩 올려주기도 합니다. 이 보상 효과에 중독되어 배당머신에 자꾸자꾸 돈을 넣다 보면 월 배당금이 200달러에서 500달러로, 또 1,000달러에서 1,500달러로 늘어나고 어느덧 종합소득세 걱정할 때가 찾아옵니다.

이런 경험은 필자뿐 아니라 필자의 블로그 이웃 1만 8,000명이 공통적으로 체험하는 흔한 과정입니다. 그 누구든 배당 투자를 꾸준히 해나가면 돈이 돈을 버는 재미에 중독되지 않고는 못 배깁니다. 그리고 이 배당 중독은 중독자를 '평온'한 경제적 자유에 데려다줍니다. 이것이 평범한 외벌이 회사원이던 필자가 배당 투자를 해보면서 실제로 느낀 것입니다.

돈이 돈을 버는 배당 투자는 생각보다 매우 강력합니다. 또한 안전합니다.

이 책은 월급날만 바라보던 저 같은 평범한 소시민을 위해 쓰였습니다. 누구든 이 책 한 권이면 미래에 대한 자신감과 확신을 가지고 배당 투자를 시작할 수 있을 겁니다. 또한 현재 배당 투자를 하고 계신 분들을 위해 필자가 미국 배당 투자를 시작하면서 겪은 어려움과 매달 따박따박 달러가 입금되는 배당머신을 만들며 알게 된 여러 깨달음을 담았습니다.

1부에서는 미국 배당주 투자를 시작할 때 가져야 할 투자 마인드를 알아봅니다. 주식 시장은 자본주의 세계의 냉혹한 '쩐'의 전쟁터이고, 우리는 이 전쟁에서 돈이란 병사를 지휘하는 총사령관으로서 마인드컨트롤을 해야 합니다. 주식 시장의 하락에 급습당하여 내 병사들이 속수무책으로 녹아내릴 때 어떤 냉철한 전략으로 이겨낼지 알아야 하는 것입니다. 환율이 급등하거나 급락할 때 알아야 할 사실, 투자를 지속하는 데 왜 배당금이 중요한지 등 실제 체험에서 비롯한 투자 마인드와 피가 되고 살이 되는 투자 조언을 담았습니다.

2부에서는 배당 투자의 실제 전략을 다룹니다. 주식 종목 선정 방법, 배당 투자자라도 성장주를 무시해서는 안 되는 이유, 최근 유행처럼 번지는 커버드 콜과 3배 레버리지 활용법에 대한 내용 등 꼭 알아야 하면서도 안정적이고 효율적으로 배당 투자를 하는 데 도움이 되는 내용으로 구성했습니다.

3부는 배당 투자 실전 매매 방법으로, 거래량과 가격 모델을 통한 시세 파악법, 실제 매매 및 손절매 방법 등 필자가 직접 실전 투자를 하면서 겪은 성공과 실패 경험 속에서 즉시 매매에 활용할 수 있는 내용을 담았습니다. 어렵지 않으니 주식 초보라도 쉽게 익힐 수 있을 겁니다.

4부에서는 배당주와 성장주 찾는 법, 발굴한 배당주와 성장주로 만든 포트폴리오 성과를 미리 확인해볼 수 있는 방법 등 스스로 종목을 발굴하는 방법을 서술하였습니다. 또한 필자의 실제 투자 경험을 바탕으로 누구나 적용해볼 수 있는 포트폴리오를 다양하게 제시하였습니다.

필자가 살면서 가장 후회하는 일이 바로 미국 배당주 투자를 일찍 시작하지 않은 것입니다. 배당 투자를 일찍 시작했더라면 몇 푼 안 되는 월급을 가지고 온 가족의 미래를 짊어져야 하는 부담을 일찍 내려놓을 수 있었겠구나 하는 아쉬움 때문입니다.

독자 여러분들께 물고기를 잡아주기보다는, 물고기 잡는 법을 알려드리겠다는 목표를 가지고 이 책을 썼습니다.

경제적 자유와 삶의 여유를 찾기 위한 미국 배당주 투자로 가는 길에 이 책이 조그만 도움이 되기를 간절히 희망합니다.

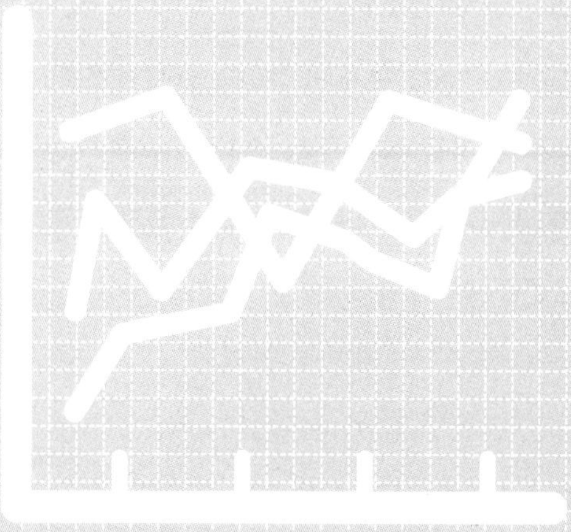

1부 배당 투자자의 승리하는 마인드

2부 배당 투자자의 이기는 투자 전략

3부 배당 투자 실전 매매 방법

4부 배당 투자 종목 발굴 방법과 실제 사례

1부

배당 투자자의 승리하는 마인드

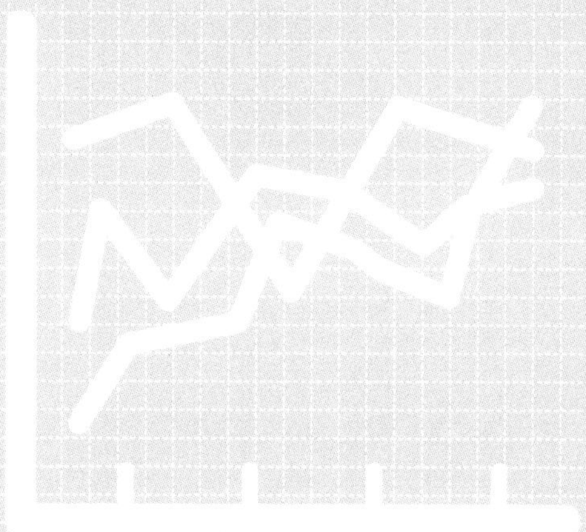

01

주식 시장의 점성술사

'쩐'의 전쟁터를 누비는 폭락론자들

주식 시장은 돈을 향한 욕망으로 꿈틀거리는 '쩐'의 전쟁터입니다. 이 쩐의 전쟁에 용감하게 뛰어드는 투자자의 마음 깊은 곳에는 쓰리고 아픈 말 못 할 사정, 그리고 돈을 벌고자 하는 욕망이 한가득입니다. 그러나 시장은 오직 돈이 모든 것을 결정하는 곳입니다.

이 돈을 향한 야성적 본능에서 시작된 광기로 버블이 발생하기도 하고, 공포 때문에 폭락이 일어나기도 합니다. 탐욕과 공포가 불러오는 버블과 폭락은 언제 일어날지 알 수도 없습니다. 1987년 10월 19일, 일명 '블랙 먼데이' 때는 단 하루 만에 508포인트(22.61%)가 떨어졌습니다. 1929년 대공황 당시보다 더 심한 다우 지수 역사상 최대 폭락이었지만 이것을 예측한 사람은 아무도 없었습니다. 이 사건의 여파로 10월 말까지 뉴질랜드 주식은 60% 폭락, 홍콩 주식은 45% 폭락했지만, 이 역시 아무도 예측하지 못했지요. '주가와 개구리가 어디로 튈지는 하느님도 모른다'는 속설은 과거에도, 현재에도, 미래에도 통용되며, 당장 내일 미국 나스닥이 단 하루 만에 20% 떨어지지 않으리라고 그 누구도 장담할 수 없는 곳이 냉혹한 주식 시장입니다.

그런데 이러한 진실에도 불구하고 시장에는 상승과 하락을 족집게처럼 맞춘다는 점성술사들이 넘쳐납니다. 이들은 자칭 타칭 주식 전문가, 경제 전문가란 그럴싸한 타이틀로 TV와 유튜브, 블로그에 등장해 우리 개인 투자자들의 '멘탈'을 사정없이 흔들어놓곤 합니다. 어려운 전문 용어와 도표, 차트로 무장한 그들의 경제 전망과 종목 추천은 제법 그럴싸해 보입니다. 그들의 화려한 언변은 주식 초보자에게 야수적 탐욕을 불러일으키기도 하고, 경험 많은 노련한 투자자의 트라우마를 자극하여 순식간에 공포의 덫에 빠트리기도 합니다. 그들의 자극적인 화술에 뇌 정지가 일어나 충동적으로 매수에 나서거나 느닷없이 매도 버튼을 누르면 이미 늦은 겁니다. 아뿔사, 또 속았구나 싶어 후회를 하고 손가락을 자르고 싶은 충동을 느끼는 일이 거의 매일같이 반복됩니다.

그러나 이들의 상승, 하락 예언은 아무거나 걸려라 식의 홀짝 점괘에 불과합니다. 한 백 개쯤 마구 던지다 보면 우연히 한두 개 얻어걸리는 점괘를 두고 마치 대단한 현자가 된 듯 포장한 것에 지나지 않습니다.

2008년 금융 위기를 족집게처럼 맞혔다고 언론에서 띄워주는 루비니 교수 역시 마구 던지다 하나 얻어걸린 것입니다. 그는 2008년 금융 위기 전에도 계속 폭락론을 주장했고, 2008년 이후에도 현재까지 계속 폭락론을 주장하고 있다는 것을 잊지 말아야 합니다.

『부자 아빠 가난한 아빠』로 유명한 로버트 기요사키도 폭락론을 외쳤으며, 심지어 프린트로 찍어내는 종이 화폐인 달러도 쓸모없는 쓰레기라고 주장했습니다. 그러나 달러의 가치는 여전하고 미국 주식 역시 우상향하고 있습니다. 로버트 기요사키와 루비니 교수는 세계 금융 위기와 달러 폭망론을 족집게처럼 맞힌 위대한 현자가 아닙니다. 이들은 인디언 기우제를 지내는 수많은 점성술사 중 운 좋게 언론이 띄워준 인물에 지나지 않습니다.

루비니 교수나 기요사키의 인디언 기우제는 하도 유명하여, 이제는 단순 가십거리로 소비되고 있습니다. 계속 기우제를 지내다 보면 언젠가 그들에게 또 한 번의 행운이 찾아와 모든 언론이 득달같이 달려들어 그들을 세기의 현자라고 칭송하는 날이 올 수도 있을 겁니다. 그들이 그 명성을 복채처럼 누리는 동안 우리 일반 투자자는 고통을 겪고, 주식 시장은 언제 그랬냐는 듯 또 우상향을 이어가겠지만요.

차라리 기요사키나 루비니 같은 공인된 점성술사들은 해롭지 않습니다. 우리가 진짜 조심해야 할 점성술사들은 주식 리딩방이나 종목 추천방 같은 무허가 점집을 차려놓고, 굿하는 무당처럼 고액의 복비를 받는 사기꾼들입니다. 유명인이랍시고 대화방으로 유도하고, 아무나 걸리라는 식으로 종목을 추천하며, 뒤로는 통정 매매와 선행매매로 선량한 투자자의 주머니를 탈탈 터는 범죄자들입니다. 이런 주식 범죄자들이 차린 무허가 점집을 기웃거리면서 주식 투자를 하느니, 차라리 주식을 안 하는 게 낫습니다.

다우 지수 차트가 보여주는 진실

무허가 점집을 기웃거리고 싶지 않고 인디언 기우제를 따라다니고 싶지 않은 사람, 평생 폭락론자 '껄무새(그때 살'걸', 그때 팔'걸' 하며 앵무새처럼 '걸'을 반복하는 사람)'로 살고 싶지 않은 투자자들에게 점성술사가 필요 없다는 가장 확실한 증거를 보여드리겠습니다. 1904년부터 2024년까지 120년간의 주가를 기록한 미국 다우 지수 주식 차트입니다.

다우 지수 120년 차트

오늘도 폭락론을 외치는 수많은 종말론자와 비관론자와 점쟁이들의 점괘에도 불구하고, 120년이 넘도록 주식 시장은 우상향하고 있습니다. 앞의 차트에 주식 시장이 폭락한 역대급 사건들이 언제 일어났는지 표시할 수 있겠습니까? 지난 120년이 넘는 미국 주식 역사상, 하락이 36개월 이상 지속된 적은 단 한 번도 없었습니다.

주식 시장은 제1차 세계대전, 스페인 독감, 대공황, 제2차 세계대전, 6.25 전쟁, 오일 쇼크, 중동 전쟁, 블랙 먼데이, 9.11 테러, 미국의 이라크 침공, 아프칸 침공 등으로 단 하루도 조용한 날이 없었습니다. 최근 4년 내에만 해도 팬데믹, 러시아의 우크라이나 공격, 이스라엘과 하마스의 전쟁, 이란 대통령의 헬기 추락 사건 등이 일어났지요.

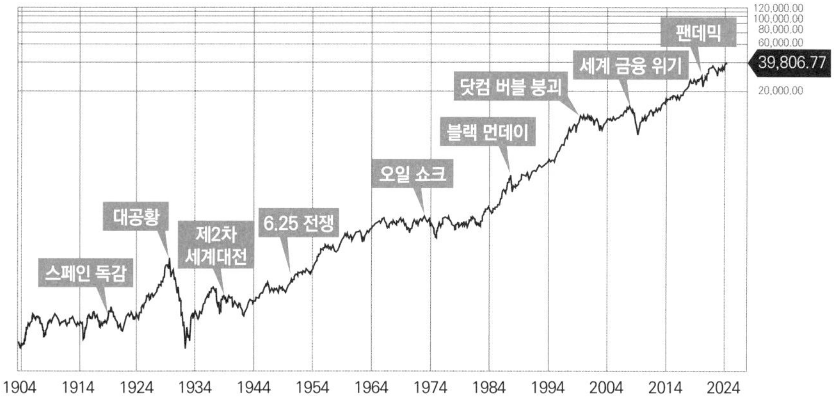

다우 지수 120년 차트에 표시한 역사적 사건

종말론자와 비관론자들이 일시적으로 득세하고 언론에 나와 팔고 도망가라고 외쳤던 그 수많은 폭락들은 크게 표시도 나지 않습니다. 비관론자와 종말론자들은 카산드라처럼 대폭락과 주식 시장의 종말을 외치다가 어쩌다 한 번씩 얻어걸리기도 하지만, 주식 시장은 꾸준히 우상향하고 있습니다.

우리 개인 투자자들은 항상 차분하게 팩트 체크를 해야 합니다. 주식 점쟁이들이 그렇게 엉터리 점괘를 남발하고도 여전히 언론에 나와 돈을 버는 이유를 이해할 필요가 있습니다.

우리는 먼저 언론이란 호들갑스러운 집단의 속성을 알아야 합니다. 언론이 비판적으로 사실을 보도한다는 말은 중학교 사회 시험에서 정답 고를 때나 필요할 뿐이죠. 언론의 본질은 '팩트'가 아니라 '자극'입니다. 즉 '개가 사람을 물면 뉴스로 안 다루지만, 사람이 개를 물면 대서특필하는 것'이 언론의 속성입니다.

평화로운 일상보다는 전쟁, 혐오와 편 가르기 같은 호들갑스러운 아이템을 찾아다니는 이들에게, 점성술사들의 대폭락론은 우려먹기 좋은, 돈 되는 아이템일 뿐입니다. 우리들의 눈과 귀를 붙잡기 위해 무허가 점쟁이들이 믿거나 말거나 던지는 엉터리 점괘는 제법 조회 수를 끌고 돈이 됩니다. 이들에게 중요한 것은 사실이 아니라, 투자자들의 눈과 귀를 유혹하여 클릭 수를 늘리는 것입니다.

종말론자와 언론의 좌우 공작에 멘탈이 흔들리면 우리의 계좌는 파랗게 변해버립니다. 인디언 기우제와 언론의 교묘한 클릭 장사에 대해 명확히 이해하거나, 아예 무시하는 버릇을 키워야 계좌가 풍요로워집니다.

증권사와 개인 투자자가 돈을 버는 방법은 다르다

우리가 직시해야 하는 진짜 고약한 팩트 한 가지는, 증권사와 우리 개인 투자자가 돈을 버는 방법은 본질적으로 다르다는 것입니다.

우리 개인 투자자들이 돈을 버는 안전한 방법 중 하나는 좋은 주식을 사서 배당을 받으며 오래오래 보유하는 '바이 앤드 홀드(buy and hold)'입니다. 그러나 증권사는 거래가 많이 일어나야 돈을 법니다.

즉 우리 개인 투자자는 매매를 적게 해야 돈을 벌고, 증권사는 우리가 매매를 자주 해야 돈을 법니다. 우리 개인 투자자들이 주식을 산 뒤 팔지 않고 보유하기만 하면 거의 모든 증권사가 파산하고 말 겁니다. 우리 개인 투자자와 증권사가 돈을 버는 방법이 이렇게 정반대란 사실을 직시하면, 왜 그들이 언론에 나와 '사라, 팔아라, 살 때다, 팔 때다'라고 호들갑을 떠는지 그 이유가 이해될 겁니다. 증권사는 우리가 끊임없이 사고 팔아야 돈을 벌기 때문에 우리의 탐욕과 공포를 자극하는 겁니다. 그들은 사야 할 때라고 유혹하며 높은 이자로 돈을 빌려주기까지 합니다. 우리가 사고 팔고를 반복하고 신용 매매를 할수록 증권사 직원들의 연말 성과급 잔치는 성대해집니다.

우리가 주식 투자를 하는 이유는 쩐의 전쟁터에서 돈을 벌기 위해서이고, 그러기 위한 최고의 방법은 좋은 종목에 투자하여 꾸준히 배당을 받는 것입니다. 탐욕과 공포를 부추기는 자들을 최대한 멀리해야 하는 것은 그 때문입니다.

월가의 전설 피터 린치는 “주식 투자의 성공 여부는 얼마나 오랫동안 세상의 비관론을 무시할 수 있는지에 달려 있다”라고 했습니다.

배당 투자를 시작하기로 마음먹었다면, 쩐의 전쟁터를 배회하는 언론과 증권사를 멀리해야 합니다. 그럴수록 우리의 배당 투자는 안전해지고 계좌는 풍요로워집니다.

02

하느님도 이기는 적립식 분할 매수

모아놓은 돈이 없을수록 투자하라

모아놓은 돈이 없어 투자를 못 하겠다는 하소연을 많이 듣습니다. 나날이 오르는 '헉' 소리 나는 물가와 대출 이자, 그리고 아이들 학원비 때문에 주식 투자는커녕 매월 마이너스만 아니어도 다행인 것이 우리 소시민들의 힘겨운 일상입니다.

이런 상황에서 주식 투자는 엄두를 내기도 힘들고, 무리하게 빚이라도 내서 투자했다가 주가가 폭락하면 큰 피해를 입게 됩니다. 그래서 자꾸 주식 투자를 외면하고 시장에서 멀어지는 악순환에 빠지게 됩니다.

그러나 이 냉혹한 자본주의 세상의 역설적 팩트는 모아놓은 돈이 없을수록, 월급이 적을수록 반드시 투자를 해야 한다는 것입니다.

타고난 '금수저'거나, 연봉이 2억 넘는 전문직이라면 오히려 투자 안 해도 먹고 사는 데 문제가 없습니다. 금수저야 물려받은 돈으로 살면 되고, 전문직이야 몸에 문제만 없다면 최소 70세까지는 고연봉을 받으면서 일할 수 있으니까요. 그러나 이런 사람들이 더 열심히 투자를 하고, 돈 공부도 더 많이 하는 것이 현실입니다.

반대로 연봉이나 매출이 적은 월급쟁이나 소상공인은 투자를 하지 않으면 높아지는 물가 때문에 자신도 모르게 더 가난해집니다. 물가는 매년 실질적으로 5% 이상 오르는데 월급은 그렇지 않으니 시간이 갈수록 쓸 돈이 없어집니다.

여유가 없으니 투자에 대한 관심이 점점 더 줄어들고, 투자를 안 하니 주식이나 부동산 관련 지식이 늘지 않아 금융 문맹이 될 위험이 커집니다. 주식이나 부동산 투자를 백안시하고 적대시하기도 합니다. 이런 악순환에 빠지면 자연스럽게 가난이 찾아오고, 사랑하는 아이들의 삶마저 질곡에 빠트립니다.

그러니 형편이 어려울수록 독하게 마음먹고 한 달에 10만 원, 20만 원이라도 배당주 투자를 해야 합니다. 오늘 투자한 10만 원은 별것 아니지만, 이 10만 원은 시간의 복리에 힘입어 100만 원, 200만 원이 됩니다. 꾸준히 적립식으로 모아가는 분할 매수가 배당 투자의 전부이고, 그러다 보면 주가가 아닌 시간이 우리를 경제적 자유로 이끌어줍니다.

돈이 없을수록 하루라도 빨리 투자를 시작하십시오. 주식 시장의 상승과 하락에 신경 끄고 매월 적립식으로 배당주를 모아가면 돈을 법니다.

매일 1달러씩을 주식에 투자한 결과

닉 매기울리란 젊은 투자자가 있습니다.

30대에 주식 투자로 돈을 번 닉 매기울리는 『저스트. 킵. 바잉』이란 책에서, 주식 시장의 상승과 하락에 관계없이 하루라도 빨리 적립식 분할 매수를 시작하면 누구나 돈을 벌 수 있음을 증명했습니다.

*출처: 「저스트. 킵. 바잉」(닉 매기울리, 서삼독, 2022)

매월 1달러를 일본 시장에 투자한 결과

매기울리는 잃어버린 30년을 겪은 일본 주식 시장, 즉 주가가 폭등한 이후 폭락하며 30년 동안 하락한 시장에서도 적립식 분할 매수를 하면 돈을 벌 수 있다는 것을 보여줍니다. 1980년부터

2020년까지 40년 동안, 시장이 폭등하든 폭락하든 상관하지 않고 매일 1달러씩을 투자하면 수익을 낼 수 있었다는 것입니다.

닉 매기울리는 폭등과 폭락을 경험한 미국과 일본의 주식 시장 모두에서 적립식 분할 매수로 누구나 부자가 될 수 있다는 것을 증명했고, 실제로 그는 부자가 되었습니다.

닉 매기울리는 목돈이 없어 소액으로 적립식 분할 매수를 할 수밖에 없는 사람들에게, 실은 그것이 가장 효과적인 투자법임을 알려줍니다.

그는 이렇게 말합니다.

> **신도 분할 매수보다 높은 수익 못 낸다.**
> **현금 들고 저가 매수 타이밍 기다릴 필요 없다.**

매기울리는 좀 더 구체적인 사례를 들어 설명합니다. 매달 100달러씩을 꾸준히 40년간 매수한 경우와 매월 100달러씩을 예금했다가 주가가 저점일 때만 매수한 경우의 투자 성과를 비교해봅시다. 얼핏 생각하면 주가가 저점일 때만 매수한 투자자의 수익이 높을 것 같지만, 실제로는 주가에 상관없이 매달 일정하게 분할 매수한 투자자의 수익이 70% 더 높았다고 합니다.

매기울리는 주가의 저점을 다 알고 투자하더라도, 분할 매수를 이길 수는 없다고 주장합니다.

그는 현금을 들고 있다가 주식이 하락하면 사겠다는 전략은 그다지 높은 수익률을 올리지 못한다고 강조합니다. 게다가 운 나쁘게 주식의 저점을 두어 달만 놓쳐도 수익률은 더 떨어지니 현금을 들고 저점을 기다리는 것은 좋은 전략이 아니라고 말합니다.

그에 따르면 전 세계 어느 주식 시장에서나, 주가가 고점이든 저점이든 10년 이상 적립식 분할 매수를 한다면 최소한 8% 정도의 수익률을 낼 수 있습니다.

매기울리는 한번에 넣을 큰 목돈이 없어 어쩔 수 없이 적립식 분할 매수를 해야 하는 우리 월급쟁이와 소상공인에게, 실은 그것이 가장 좋은 투자법임을 증명했습니다. 큰돈이 없는 우리는 주식 시장이 하락하거나 상승할 때를 기다리며 타이밍을 재지 말고, 일하는 중에 눈치 보며 주식 앱을 몰래 힐끔거릴 필요도 없이 그냥 매월 모아가면 됩니다.

> **그냥 계속 샀다. 하느님이 와도 평균 단가 분할 매입보다 더 높은 수익을 내지 못하는데 여러분이라고 별 수 있겠는가?** - 닉 매기울리

워런 버핏이 낸 세 가지 퀴즈

워런 버핏이 낸 세 가지 퀴즈를 풀어봅시다.

첫 번째 퀴즈, 당신이 평생 햄버거를 먹을 계획이고 소를 키우지 않는다면 쇠고기값이 오르길 바라겠습니까? 두 번째 퀴즈, 당신이 자동차를 사야 하고 자동차 제조업자가 아니라면 자동차 가격이 올라가길 바랍니까, 내려가

길 바랍니까? 세 번째 퀴즈, 당신이 앞으로 5년간 주식을 사 모은다면 주식 시장이 오르길 바랍니까, 내리길 바랍니까? 생각하면 답은 간단합니다. 그런데 앞으로 주식을 사 모으기로 한 사람조차도 주가가 오르면 기뻐하고 내리면 우울해합니다. 이것은 마치 햄버거를 사 먹으려는 사람이 쇠고기값 오른다고 기뻐하는 셈입니다. 이런 반응은 이치에 맞지 않습니다.

적립식 분할 매수를 해야 하는 우리들에게 주가 대폭락은 위기가 아니라 주식을 싸게 사서 인생을 바꿀 기회입니다. 적립식 분할 매수 투자자들은 하락과 상승에 마음 쓰지 말고 그저 꾸준히 매수해가며 시장에 머물러야 합니다.

적은 돈이라고 우습게 여기지 말고 매월, 매주 1만 원씩이라도 좋은 배당주와 지수 ETF를 모아가면 성공할 수 있습니다. 처음에는 우리가 돈을 모으지만, 시간이 가면 돈이 알아서 불어나 우리를 경제적 자유로 이끌어줍니다. 내가 경제적 자유에 도달하면, 가족과 후손이 자본주의 사회에서 힘들게 살지 않습니다.

03

투자와 도박은 다르다

평생 주식 투자는 쳐다보지도 않았다고?

2020년부터 시작된 미국 연준의 금리 인상은 미국 서민층뿐만 아니라 태평양 넘어 한국의 중산층과 서민층에도 큰 타격을 주고 있습니다. 미국의 고금리는 특히 우리나라와 중국처럼 부동산 비중이 큰 경제권에 더욱 큰 충격을 주고 있고, 부동산 프로젝트 파이낸스(PF)의 대출 부실화는 우리나라 경제의 시한폭탄이 되고 있습니다. 고금리는 우리 사회의 허리인 4050세대의 경제적 부담을 급증시킵니다. 우리나라 가계 부채의 절반 이상을 4050세대가 차지하고 있는데, 이 세대의 10명 중 3명은 다중 채무자라고 합니다. 또한 금리 인상으로 원리금 상환을 제대로 못 하는 4050 취약 세대주가 점점 늘어나고 있습니다.

이들은 부모와 자녀를 부양하는 허리 세대로, 이들이 부러지면 그 충격은 사회 전체에 퍼집니다. 따라서 더욱 각별하게 관심을 가져야 하지만, 2030세대와 6070세대 사이에서 소외되고 있습니다.

그러나 빚내서 무리하게 투자한 4050세대도 돈 공부 안 한 지적 게으름을 반성할 필요가 있습니다. 한 집의 가장이고 나라의 허리인 우리나라 4050세대의 금융 문맹은 심각한 수준입니다. 다음은 언론에 나온 기사의 일부인데, '평생 주식 투자는 쳐다보지도 않고 내 집 마련하여 퇴직한 뒤 대출받아 장사를 시작했으나 살기가 어렵다'는 내용입니다.

> 자영업자 입장도 크게 다르지 않다. 카페를 운영 중인 50대 B 씨는 성실하게 살았지만 남은 건 빚뿐이라고 말한다. 그는 주식 같은 투자는 쳐다보지도 않고, 내 집 한 채까지 마련해 퇴직을 했다. 하지만 퇴직 후 창업하기 위해 대출을 받으면서 어려워졌다. 그는 "3억 원 가까이 빌려 시작했지만 1년도 안 돼 코로나 19를 겪었습니다. 거리 두기 해제 이후 나아졌지만 임대료에 인건비, 이자 부담에 숨이 막힙니다. 사업은 접고 소액이라도 월급을 받고 사는 게 마음 편할 것 같습니다"라고 털어놨다.
>
> -《한국경제》 2022년 11월 4일 기사

주식 안 하고 성실하게 살았음을 강조하고 싶은 것 같은데, 과연 주식 투자는 악(惡)이고, 부동산과 장사는 선(善)일까요? 그러나 엄밀하게 말하면 부동산 투자보다는 주식 투자가 우리나라 경제에 더 도움이 됩니다. 주식 시장은 기업이 자금을 이자 없이 조

달하는 창구이니 그 자금으로 기업을 키우면 더 많은 일자리가 생기고 사회적 부가 커집니다. 선진국일수록 주식 시장이 크고 발달한 이유입니다.

그런데 우리는 왜 아직도 주식 투자를 도박이나 노름처럼 여기는 것일까요? 만약 주식 투자가 도박이라면 워런 버핏이나 피터 린치 같은 사람은 투자자가 아닌 전문 도박사, 도박 마스터인 걸까요?

자본주의의 핵심인 주식 및 배당 투자와 담을 쌓고 그것들을 도박으로 여기며 금융 문맹으로 지냈기 때문에 자신과 처자식이 고생하고 있는 건 아닌지 생각해봐야 합니다.

자본주의 체제는 돈이 나를 위해 일하는 시스템임을 빨리 깨달아야 합니다. 그래야 고금리와 정부 탓, 사회와 부자 탓(물론 사회의 분배 시스템에도 문제가 없진 않습니다)을 하는 대신 하루라도 빨리 주식과 배당 투자를 시작할 것입니다.

자본주의 체제에서 주식 투자는 돈 없는 사람들도 부자가 될 수 있는 유효하고 합리적인 수단입니다. 이 점을 빨리 깨달아야 합니다. 돈이 나를 위해 일하는 시스템을 확철대오(廓撤大悟)하고, 하루라도 빨리 투자 공부를 해야 합니다. 소액이라도 꾸준하게 우량주와 미국 지수 ETF를 적립식 분할 매수로 모아가면 결코 실패할 수 없는 것이 주식입니다. 이제라도 금융 지식을 쌓고 도박 같은 한탕식 트레이딩이 아닌 적립식 모아가기 배당 투자를 한다면, 3억이나 대출받아 창업을 하고도 장사가 안 돼 걱정하는 일은 없을 것입니다.

> **나의 유일한 기쁨이 무엇인지 아는가?**
> **그것은 배당을 받는 일이라네. - 록펠러**

하루라도 빨리 금융 문맹에서 탈출하라

필자는 4050세대의 금융 문맹과 경제적 고통의 원인 중 하나가 책을 안 읽는 것이라고 봅니다. 4050세대가 얼마나 책을 안 읽었는지 문체부에서 2023년을 '4050 책의 해'로 지정했을 정도입니다. 조사에 따르면 1년에 책을 한 권 이상 읽는 40대는 49.9%, 50대는 35.7%라고 합니다. 이 말은 4050세대의 절반 이상은 1년에 책을 한 권도 안 읽는다는 것입니다.

경제적·지적 게으름으로 인해 책을 안 읽으니 자신도 모르게 금융 문맹이 되고, 주식 투자는 도박이라는 편견을 깨지 못해 경제적 고통을 겪게 됩니다. 더 심각한 것은, 돈이 돈을 버는 자본주의 시스템을 부모가 이해 못 하면 밥상머리에서도 자식들에게 금융 교육을 시킬 수가 없다는 것입니다. 이것은 고스란히 1020세대도 주식과 투자에 무관심한 금융 문맹이 되는 원인으로 작용합니다.

금융 문맹이 세대로 이어져 주식은 도박이라는 편견을 갖고 자신의 몸만으로 돈을 벌려고 하면 경제적으로 어려워질 수밖에 없습니다. 전문 지식이 없는 평범한 직장인의 월급 인상 속도는 물가가 오르는 속도를 따라가기가 어렵기 때문에, 월급만으로는 쓸 돈이 줄어듭니다.

아무리 바빠도 1년에 경제 서적 몇 권은 읽고 자식들에게도 다양한 금융 지식과 경험을 전달해줄 수 있는 독자 여러분이 되기를 바랍니다.

04

주식 투자와 장사 중 무엇이 더 위험할까?

주식 투자 싫어하는 어느 선배의 이야기

가훈이 '주식 투자 하지 마라'라는 경영학과 출신 선배가 있습니다. 그 선배는 동료나 후배가 주식 이야기를 하면 무슨 도박꾼들 쳐다보듯 하고, 주식의 '주' 자도 못 꺼내게 합니다. 황금을 돌보듯 한 최영 장군의 기상을 닮아 주식을 돌 보듯 하길래, 한번 물어봤습니다.

"선배, 혹시 아버님이 주식 하다 망한 적 있어요?"

전혀 아니랍니다.

"선배는 경영학과라 공돌이인 저보다 재무 회계도 많이 알 텐데, 왜 주식 투자라면 기를 쓰고 반대하시나요?"

선배 왈, 주변에서 주식으로 망한 사람 이야기를 많이 들어 자신은 대학 시절부터 평생 주식 투자 안 할 거라고 결심했다고 하더군요.

평생 주식을 안 해서 그런지는 알 수 없지만, 선배는 노후 자금이 턱없이 부족해 퇴직 후에도 일을 해야 합니다. 장사를 할까 고민 중이라고 하길래 제가 진심으로 말렸습니다.

"형이 장사하다가 망할 확률과 주식해서 망할 확률 중 어떤 게 더 높을 것 같아요?"

대답을 머뭇거리길래, 이번엔 질문을 쉽게 바꿔봤습니다.

"형이 장사하다 망할 확률과 미국이 망할 확률 중 뭐가 더 높습니까?"

이번엔 당연하다는 듯 자기가 망할 확률이 훨씬 더 높을 거라고 말씀하시더군요.

"형, 그러면 괜히 형수 고생시켜가며 장사하는 대신에 미국 지수 ETF 같은 거에 투자하면 되잖아요? 형 말대로 형이 장사하다 망할 확률보다 더 안전한 미국 S&P500 지수 같은 거에 투자하면 되는데, 왜 장사를 하려고 해요?"

이후에 선배는 형수랑 피부 샵 알아보던 것을 그만두고, 일자리를 찾기 위해 후배들한테 연락을 하더라고요. 자문위원이나 파트타임 컨설턴트로 써줄 수 있는지 묻길래 장사는 포기했구나 싶어 내심 다행이다 싶었습니다. 그런데 이게 끝이 아닙니다.

얼마 전 느닷없이 전화를 해와서 거두절미하고 말씀하시기를…….

"너 주식 좀 한다며. 내가 알아보니 다들 한국 주식 하지 말고, 미국 주식 하라고 하더라. 미국 주식 중에 올라갈 종목 두 개만 딱 찍어주라."

현직에 있을 때도 그러시더니, 여전히 하고 싶은 말만 하십니다.

"형님, 저는 그럴 능력이 없으니 형님이 공부하시면서 종목을 골라야 합니다."

이렇게 말씀드려도 확실한 거 2개만 찍어달라고 자꾸 채근하시길래 세 종목을 찍어드렸습니다. 미국 대기업 500개에 투자하고 S&P500 지수를 추종하는 ETF인 *SPLG, 기술주 100개에 투자하는 나스닥100 지수 추종 ETF인 *QQQM, 그리고 미국 대형 배당주에 투자하는 ETF인 *SCHD입니다.

평생 주식 투자 안 하던 양반, 심지어 '주식 투자하지 마라'가 가훈이라며 주식 투자를 백안시하던 사람마저 투자하려고 덤빌 정도라니, 내심 이거 미국 주식도 상투인가 하는 생각이 들기도 했습니다.

제 말을 들은 선배는 또 나름 이것저것 알아봤나 봅니다. 'SPLG와 QQQM은 배당이 너무 적고, SCHD도 배당률이 너무 낮다. 당장 돈이 필요한데, 미국에는 배당 많이 주는 ETF가 있다고 하더라. 좀 알려달라'고 합니다. 그래서 고민하다가 *JEPI와 *JEPQ에 대해 설명해줬습니다.

그러자 원 달러 환율이 높아 지금 샀다가 환율이 떨어지면 손해가 날 수 있는데, 이에 대해서는 어떻

*SPLG
미국 대형주 500개에 투자하는 ETF는 SPY, VOO 등 다양하다. SPLG는 SPY와 같은 회사가 같은 방법으로 운영하는데, 1주당 가격이 SPY보다 저렴하여 모아가기 쉽다.

*QQQM
미국 대표 기술주 100개에 투자하는 ETF로, QQQ와 같은 운용사가 같은 방식으로 투자하지만 QQQ보다 주당 가격이 저렴하여 좀 더 용이하게 모아갈 수 있다.

*SCHD
찰스 슈와브란 자산 운용사에서 미국 배당 다우존스 지수에 속한 대형 우량주에 투자하는 ETF로, 2011년 상장 이후 배당을 10%씩 올렸다. 23년에는 배당 성장이 5%대로 줄어서 투자자에게 실망을 주기도 했다.

*JEPI
S&P500 지수에 커버드 콜을 50% 이하로 사용하여 매월 0.7% 정도의 배당이 나오는 월배당 ETF. S&P500 지수 상승의 50%를 따라간다(S&P500이 10% 오르면 5% 오르는 정도). 커버드 콜에 대해서는 추후 설명.

*JEPQ
나스닥100 지수에 커버드 콜을 50% 이하로 사용하면서, 매월 0.8% 정도 배당하는 고배당 ETF. JP모건에서 운영하며, JEPI를 운영하는 펀드 매니저가 같이 운영하는, JEPI의 자매품 같은 ETF.

게 생각하느냐고 묻더라고요. 제가 그랬습니다. '환율이 오를지 내릴지 난 알 능력이 없다. 그건 선배가 알아서 하시라. 다만 길게 보면 평균 환율에 회귀할 거다.'

그 이후에 연락이 안 오는 걸 보면 아마 투자를 안 하고 계신 듯합니다. 투자를 했다면, 그 성격에 몇 번은 전화해서 물어보셨을 테니까요.

미국 주식에 투자해야겠다는 마음이 생기기는 했지만 종목을 콕 집어주는 대신 재미없는 SPLG, QQQM, SCHD 같은 지수 ETF를 이야기하니 내키지 않았나 봅니다. 지금이 《응답하라 1988》의 쌍문동 시절도 아니고, 은퇴한 선배에게 괜히 종목 잘못 말했다가 무슨 소리를 듣자고 그러겠습니까?

선배가 환율 걱정하고 배당률 찾아보면서도 ETF에 투자를 안 한 것 보면 조금은 안심이 됩니다. 평생 주식 투자를 안 하던 선배 같은 주변의 휴먼 인덱스(인간 지표)들이 투자를 안 하는 것을 보면, 아직 미국 주식 시장은 버블이나 상투가 아닐 겁니다. 주변에 꼭 있는 주식 투자 결사 반대파들이 최후의 만찬에 숟가락 들고 나타나면 아마도 그때가 진짜 고점일지 모릅니다. 이런 휴먼 인덱스들이 위험한 *TQQQ나 *SOXL 같은 3배 레버리지를 마구 매수하기 시작한다면, 그때가 거대한 버블이 터지기 직전일 것입니다.

*TQQQ
나스닥100 지수인 QQQ를 3배 추종하는 레버리지 ETF. 상승장에서는 높은 수익률을 제공하지만, 반대로 하락장에서는 지수보다 3배 더 하락하므로 변동성이 매우 큼. 2022년 하락장에서는 11개월 만에 70% 이상 하락.

*SOXL
SOXL은 미국 반도체 지수의 3배 레버리지로, TQQQ보다 변동성이 더 큼. 2022년 하락장에서 11개월 만에 84% 정도 대폭락하기도 함.

장사하다 망할 확률 vs 미국이 망할 확률

"형이 장사하다 망할 확률과 미국이 망할 확률 중 뭐가 더 높습니까?"

매우 건방지고 기분 나쁜 질문이지만, 이 질문에 솔직하고 냉철하게 답을 한다면 쉽게 장사를 하겠다고 하진 않을 겁니다. 우리나라는 OECD에서 자영업자 비율이 가장 높고, 5년 내 폐업(주식으로 보면 상장 폐지) 확률이 50%를 넘습니다. 이런 극단적인 경쟁 시장에 참여한다는 것, 유난히도 심한 진상들과 갑질 손님들을 상대해야 하는 자영업을 시작한다는 것은 스스로 고난의 바다에 뛰어드는 꼴입니다(필자의 어머니도 작은 식당을 하셔서 자영업의 고통을 잘 알고 있습니다).

물론 미국이란 나라도 망할 확률이 없는 건 아닙니다. 인쇄기를 돌려서 달러를 무한정 찍어내는 것을 보면 '미국도 망하겠지' 싶은 생각이 들곤 합니다. 그러나 매년 수백만 명이 서로 이민 가겠다고 줄을 서는 것이나 세계 최고의 AI 기업들과 무시무시한 국방력을 보면, 기축 통화국 미국이 가까운 시일 내에 망할 것 같지는 않습니다.

엄청난 부채 등 미국도 문제가 심각하지만, 따지고 보면 우리나라, 일본, 중국 등 대부분의 나라가 빚내서 돈 잔치 하기 때문에 미국 걱정은 세입자가 건물주 걱정하는 것과 비슷하다고 봅니다. 초강대국 미국이 망할 지경이거나 달러가 무용지물이 될 정도라면, 그 전에 우리나라는 망해도 이미 여러 번 망했을 겁니다.

미국 주식에 투자하는 것보다 한국에서 장사하는 것이 더 위험하다고 했는데, 실제 투자 예시를 보면 더 명확하게 이해가 될 겁니다.

만약 3억 원으로 장사를 시작했다고 해봅시다.

첫째, 장사는 시작하면서부터 원금 20%는(많게는 30%도) 까먹고 시작합니다. 권리금, 인테리어, 자재비, 홍보비 등인데, 이런 초기 투자 비용은 회수하기 어렵습니다. 대박이 나서 권리금을 받고 팔아야 복구되는데, 이게 생각보다 어렵고 요즘은 권리금 없는 가게도 숱하게 많습니다.

둘째, 장사는 남들 노는 토요일과 일요일에도 일해야 하고, 농땡이를 부릴 수도 없습니다. 월급쟁이는 1년에 며칠씩 연차를 내고 놀러라도 갈 수 있지만, 자영업자는 휴가 가기도 어렵습니다. 며칠만 가게 문 닫아도 손님이 확 떨어지거든요. 필자 어머니도 명절만 빼고 거의 가게를 열었는데, 며칠만 문 닫아도 손님들이 안 온다며 쉬시지를 못했어요.

셋째, 갑질하는 진상 손님을 상대해야 하고, 그들의 고의적인 악성 댓글 하나에 매출이 출렁거리기도 해 애간장이 녹고 피가 마를 수 있습니다. 최악은 인건비 아끼려다 보면 부인, 아들딸의 노동력도 갈아 넣게 되는데, 그럼 온 가족이 파김치가 됩니다. 장사가 안 되어 폐업하면 평생 빚이 따라다니고, 신용 불량자가 되기도 합니다. 흔한 일입니다.

그런데 3억을 미국의 고배당주 JEPI나 JEPQ에 투자했다고 해봅시다. JEPQ는 현재 배당률이 8.7% 정도이고, JEPI는 7.3%입니다(24년 5월 말 기준).

JEPQ에 3억을 투자했다면 매년 2600만 원(세전)을 배당으로 받고, JEPI에 투자했다면 매년 약 2000만 원을 배당으로 받습니다. JEPQ 배당금을 월 배당으로 계산하면 월 215만 원입니다.

장사는 시작과 동시에 이미 원금 20%를 날리지만, 미국 지수에 커버드 콜을 쓰는 JEPQ나 JEPI는 핵전쟁이 나서 미국이 진짜 망하지 않는 한 지수가 50%씩 대폭락하지는 않습니다. 미국 지수가 50% 이상 폭락한 경우는 지난 100년간 단 2번밖에 없었습니다.

예시 JEPQ 투자 사례

JEPQ는 2022년 5월에 출시된 ETF입니다. 2년간 주가는 6.43% 상승했고, 지수 상승에 배당까지 합한 전체 수익률인 '토털 리턴(total return)'은 34% 상승했습니다.

장사할 3억 원을 JEPQ에 투자했다고 하면, 지난 2년간 배당금으로 5200만 원을 벌었고(매월 세전 215만 원), 투자 원금은 2024년 5월 기준 3억 2000만 원이 되었습니다. 물론 지난 2년이 상승장이었고 나스닥100을 추종하는 커버드 콜 ETF이기 때문에 이런 성과가 나온 것입니다만, 하루 종일 힘들게 장사를 하지 않아도 돈을 벌 수 있는 것입니다.

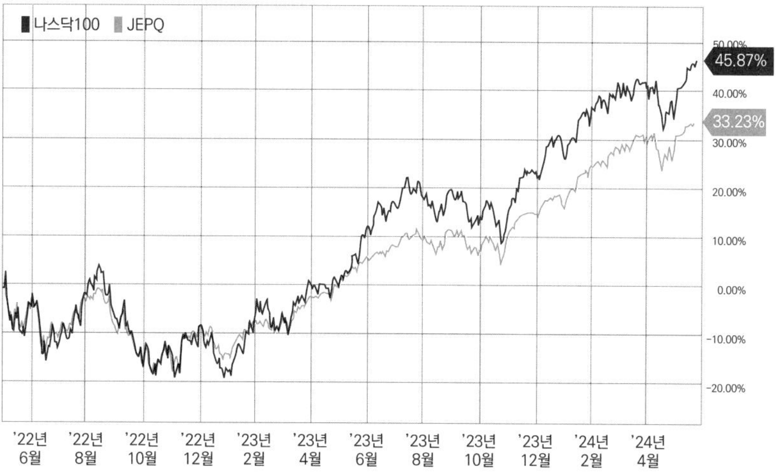

JEPQ와 나스닥100 비교(배당 포함)

실제 필자의 블로그 이웃 중에도 JEPQ에 투자하여 여기서 매달 나오는 배당금을 생활비로 쓰고 재투자하는 분이 계십니다.

만약 3억 원으로 장사를 했다면 시작 전에 이미 6000만 원 정도는 인테리어나 권리금, 홍보비 등으로 날렸을 것이고, 매일 10시간 이상 일했을 것입니다. 그렇게 해서 순수익으로 300만 원을 벌었다고 해도(이것도 쉽지 않습니다), JEPQ에 투자한 것과는 비교가 안 됩니다.

JEPQ에 투자하면 돈이 나 대신 일을 하기 때문에 내 몸을 갈아 넣어 하루에 10시간 일하지 않고도 매월 215만 원이 따박따박 계좌에 찍히고 투자 원금은 3억 2000만 원으로 늘어나 있습니다. 투자 원금이 늘어났기에 2년 후부터는 배당금도 215만 원이 아니라 더 늘어날 수 있고, 앞으로도 상승장을 만나면 배당과 주가가 더욱 좋아질 겁니다.

어떤가요? 자신의 몸을 갈아 넣는 자영업과, 배당머신을 만들어서 나 대신 돈이 일하는 배당 투자의 차이를 충분히 이해하실 수 있겠지요?

이 둘의 차이를 워런 버핏은 이렇게 말합니다.

> **잠자는 동안에도 돈이 들어오는 방법을**
> **찾아내지 못한다면,**
> **당신은 죽을 때까지 일을 해야만 할 것이다.**

돈이 나를 위하여 일하는 시스템

자본주의에서 승리하는 방법은 '내가 돈을 위해 일하는 대신 돈이 나를 위해 일하는 시스템'을 만드는 것입니다. 배당 투자는 평범한 우리가 자본주의에서 승리하는 가장 안전한 방법입니다.

자본주의 시스템을 이해하는 사람과 지적 게으름, 금융 문맹 때문에 자신의 영혼까지 갈아 넣어 자영업을 하려는 사람의 차이는 시간이 갈수록 극명해집니다. 물론 특별한 기술과 재능이 있어 자영업에 뛰어드는 것은 훌륭한 일이고 돈을 잘 버는 방법입니다. 그러나 그런 게 아니라면, 무리하게 자영업을 하는 것보다 꾸준히 적립식 분할 매수를 할 때에 더 안전하고 평온한 노후가 보장됩니다.

게다가 배당 투자는 시간의 복리 효과가 확실해서, 한 살이라도 더 젊을 때 투자해야 합니다. 그러면 평생토록 돈이 늘어나는 복리 효과로 인해 우리의 노후가 풍요로워집니다.

돈이 주인인 자본주의 체제에서 이기는 길은 단순합니다. 독서와 투자입니다. 항상 경제 관련 도서와 인문학 책을 읽고 뇌를 말랑말랑하게 만들면 경제 흐름과 트렌드를 유연하게 판단할 수 있습니다. 뇌가 단단하거나 파충류처럼 단순해지면 '주식은 도박이다'라는 오만과 편견에서 탈출하기가 어렵고, 경제 흐름에도 둔감해집니다.

물론 배당 투자도 주식 투자이니 언제든 커다란 고통을 안겨줄 위험은 있습니다. 끝없이 우상향한다는 미국 주식도 1년에 몇 번은 5%씩 하락하고, 2년에 한 번은 10% 이상 하락하며, 5년에 한 번은 20% 넘게 하락합니다.

예시로 든 월 배당 ETF인 JEPQ도 나스닥이 크게 하락하면 같이 하락하여 배당금이 줄어들 수 있고 투자 원금 손실이 나기도 합니다. 그러나 꾸준하게 배당금을 재투자하고 분산 투자를 하면 포트폴리오 전체가 녹아나는 일은 결코 없습니다. 배당금 재투자를 3년 이상만 지속하면 투자 원금에 손해를 볼 확률은 5%도 안 됩니다. 5년 정도 배당 재투자를 하면 원금 손실 확률은 거의 '0'에 수렴하기 때문에, 투자 기간이 그 이상 되면 손실 확률은 사실상 제로입니다.

05

배당금은 우리를 지켜주는 방패와 갑옷

적이 누구인지 모르는 싸움터, 주식 시장

주식 투자는 제한 없는 돈의 전쟁터입니다. 지능도, 외모도, 학력도, 인격도 전혀 상관없는 데스 매치로, 고등학교 졸업하고 주유소에서 평생 일한 옆집 아저씨(배당 투자자 로널드 리드)가 하버드 경제학 박사를 손쉽게 제압할 수 있는 싸움터입니다. 심지어 원숭이가 MBA 출신 펀드 매니저를 이기기도 하는 곳이니 분명 두뇌와 과학의 싸움터는 아닙니다. 이렇게 특이한 전쟁터인 주식 시장의 또 다른 특징은 상대가 누군지 모르고 싸워야 한다는 사실입니다.

주식 투자는 서로가 서로를 모른 채 자신의 호가 창에서 매수와 매도 버튼으로만 싸우는 게임입니다. 주식이란 전쟁은 그래서 위험합니다.

손자병법의 '공격하는 방법 편(모공 편)'에는 상대를 모르고 싸우는 위험에 대한 내용이 있습니다. '적을 알고 나를 알면 백 번 싸워도 위태롭지 않다'는 지피지기 백전불태(知彼知己 百戰不殆)는 너무나 유명한 구절입니다. 그러나 주식 투자자에게는 그다음 구절이 훨씬 더 인사이트를 줍니다. 바로 '적을 모르고 나를 알면 일승일패이고, 적도 모르고 나도 모르면 싸울 때마다 반드시 진다(부지피이지기 일승일부, 부지피부지기 매전필패不知彼而知己 一勝一負, 不知彼不知己 每戰必殆)'는 것입니다.

이 문구가 인사이트를 주는 이유는 주식 투자 자체가 호가 창 반대편에 있는 나의 적을 모르는 부지피(不知彼) 상황이기 때문입니다. 주식 시장은 상대를 모르고 해야 하는 싸움이므로, 아무리 싸움을 잘하는 투자자라 해도 1승 1패, 승률이 50%인 어려운 싸움을 해야 하는 곳임을 꼭 기억해야 합니다.

주식 투자의 승률은 50% 이하이기 때문에, 주식 천재라도 매매 빈도가 높아지면 실수도 많아집니다. 실수가 늘어날수록 돈을 잃게 되고요.

워런 버핏도 함부로 매수를 하지 말라는 뜻으로 "좋아하는 공이 올 때까지 기다려라"라고 했습니다. 함부로 매수하지 않으면 매도할 이유가 없으니 매매 빈도가 줄어들어 주식 투자에서 이길 확률이 높아집니다.

이런 측면에서 배당 투자는 이길 확률이 높은 싸움입니다. 배당 투자자는 매수 후 보유하며 배당을 받는 전략을 구사하기 때문에 자주 사고 팔고 할 필요가 없으니, 본질적으로 주식 시장에서 유리합니다. 무엇보다 더 중요한 것은 배당금이 쩐의 전쟁터에서 나를 지켜주는 든든한 방패이자 갑옷이 되어준다는 점입니다. 왜 배당금이 갑옷이자 방패인지를 숫자로 확인해봅시다.

배당금은 힘이 세다

SCHD에 10만 달러를 거치식으로 투자한 뒤 배당금만 재투자했을 때 누적 배당금과 투자 원금을 살펴봅시다. 조건은 배당률 3.5%, 주가 연평균 성장률 6%, 배당 성장률 8%로, 현재 SCHD는 5년 평균 배당 성장률 10%, 10년 연평균 성장률 8%이니 보수적으로 계산한 것입니다.

첫해의 배당금은 3,500달러이고, 두 번째 해의 배당금은 3,780달러가 됩니다. 첫해와 두 번째 해를 합치면 누적 배당금은 7,280달러입니다. 이런 식으로 더 이상 신규 자금을 투자하지 않고 오직 배당 재투자만 해도, 14년 차가 되면 누적 배당금이 10만 8,000달러가 됩니다.

배당금만 재투자하더라도 14년 차까지 받는 배당금이 10만 달러를 초과합니다. 즉 14년 차가 지나면 이미 투자 원금은 확보가 된 것이기에 주식 시장이 50% 이상 폭락하지 않는 한 원금 손실은 일어날 수가 없습니다.

19년 차가 되면 누적 배당금은 20만 달러가 넘습니다. 투자 원금까지 합해 총 30만 달러의 자산이 모인 것이니 주식 시장이 60% 이상 하락해도 원금 손실이 일어날 수가 없습니다. 즉 시간이 갈수록 배당금은 점점 두터워지는 갑옷과 방패가 되어 원금 손실을 방어해주는 것입니다.

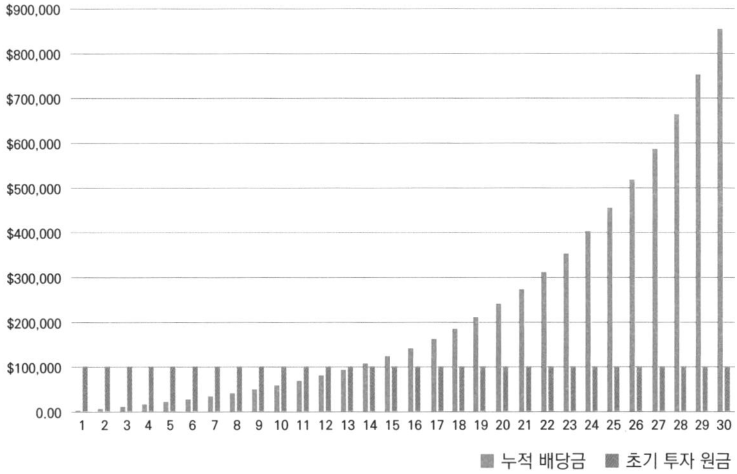

SCHD 배당 재투자 시 누적 배당금과 투자 원금 비교

10만 달러 투자 후 30년이 지나면 누적 배당금만 85만 달러가 됩니다. 이때쯤이면 전쟁이나 대공황이 발생해서 주식 시장이 90% 폭락해도 원금 손실이 발생하지 않습니다.

이처럼 배당금은 원금 손실을 막아주는 무적의 방패이자 갑옷입니다.

워런 버핏의 뒤에는 배당이 있다

일부 독자는 이것이 단순히 이론일 뿐이라고 생각할 수 있습니다. 그러나 워런 버핏의 실제 사례를 보면, 그렇지 않음을 이해하게 될 겁니다.

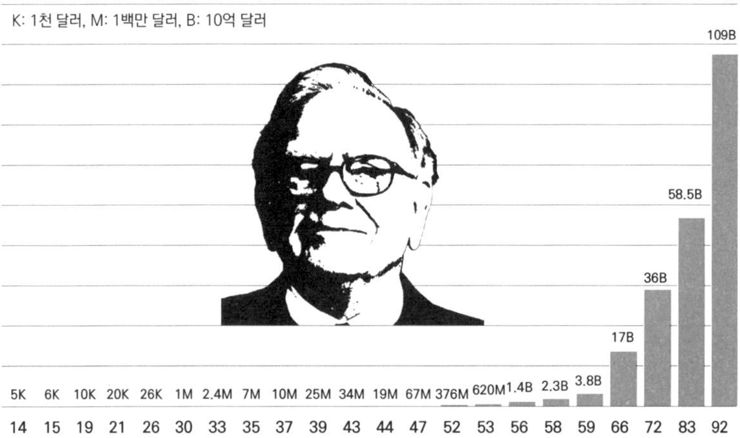

워런 버핏의 나이대별 자산

버핏이 30세 때 그의 투자 원금은 100만 달러(13억 원 정도)였는데, 43세 때에는 3400만 달러로 이미 원금의 34배가 되어 이 지점에서는 원금 손실 가능성이 없어졌습니다. 52세 때의 자산은 3억 8000만 달러로, 원금의 380배로 늘어납니다. 이쯤이면 제3차 세계대전이 발생해도 투자 원금을 잃지 않을 겁니다.

워런 버핏의 자산 전체를 살펴보면 실감이 덜하니, 버핏의 코카콜라 투자 사례를 살펴봅시다.

워런 버핏은 2024년 5월 현재 코카콜라 주식을 4억 주 보유하고 있고, 버핏이 운영하는 투자사인 버크셔 해서웨이의 포트폴리오에서 코카콜라 비중은 7.4% 입니다. 버핏은 코카콜라를 영원히 안 팔 거라고 하는데, 버핏을 상징하는 주식이기도 하지만 배당 투자의 관점에서 보아도 코카콜라는 팔 이유가 없습니다.

현재 코카콜라의 배당은 주당 1.94달러로, 배당률은 3%대입니다. 버핏이 1년에 받는 코카콜라 배당금은 약 8억 달러입니다.

1988년 버핏이 코카콜라를 매수한 자금은 13억 달러로, 주당 2달러일 때부터 매수하였다고 합니다. 현재 주가가 62달러 수준이니, 주가만 30배 올랐습니다.

그러나 진짜 무서운 것은 배당입니다.

버핏은 매년 코카콜라로부터 약 8억 달러의 배당을 받고 있습니다. 매년 코카콜라 투자 원금 13억 달러의 62%를 배당으로 받고 있는 셈입니다. 즉 버핏은 1년 6개월에 한 번씩 코카콜라 투자 원금을 배당금만으로 100%씩 회수하고 있습니다.

그동안 받은 누적 배당금은 빼더라도 현재 매년 투자 원금의 62%를 배당받고 있으니, 코카콜라가 99.9% 대폭락하더라도 버핏은 원금 손실 자체가 불가능합니다.

현재 코카콜라 배당금 주당 1.94달러를 워런 버핏이 맨 처음 매수한 주가 2달러와 비교하면 배당률은 97%입니다. 우리에게는 3% 배당주인 코카콜라가 버핏에게는 배당률이 97%인 초초초고배당주인 셈입니다(버핏은 이후에도 코카콜라를 추가로 매수하였으므로 실제 평균 단가는 더 높겠지만요).

코카콜라는 배당을 매년 4% 정도 올려주니 2025년이 되면 배당금이 2달러가 넘어갑니다. 그럼 버핏은 이제 매년 처음 매수 가격을 넘는 돈을 배당금으로 받게 됩니다.

꾸준히 배당을 올려주는 배당 성장주에 장기 투자한 워런 버핏의 코카콜라 사례를 보면, 왜 배당주에 장기 투자해야 하는지 확실히 이해할 수 있습니다. 배당 투자는 시간의 복리 효과를 누리는 투자이며, 배당금은 원금 손실을 불가능하게 만드는 마법 같은 갑옷과 방패 역할을 해줍니다. 배당 투자야말로 평범한 우리가 할 수 있는 가장 비범한 투자입니다.

배당률 3%의 우량 주식을 버핏처럼 36년 장기 보유하면, 그때는 우리도 배당률 97%가 넘는 초초초고배당주를 보유한 배당 고래로 신분 세탁이 가능합니다. 이것이 바로 배당 투자의 힘이고, 평범한 우리가 좋은 배당 성장주를 장기로 보유했을 때 확실하게 도달할 결과입니다.

06

배당 투자, 최고의 매수 타이밍은 언제일까?

우리가 주식 투자로 돈 못 버는 이유

주식 투자의 기본은 싸게 사서 비싸게 파는 것입니다. 10년을 보유하려는 가치 투자자나 초단타 매매를 하는 스캘퍼 모두 이 점은 같습니다. 그래서 모든 주식 투자자들은 최대한 싸게 사서 자신보다 더 바보에게 최대한 비싸게 팔려고 합니다.

가장 싸게 주식을 살 수 있는 최고의 타이밍을, 존경받는 투자자로서 작위를 받은 존 템플던 경은 이렇게 콕 집어서 가르쳐주었습니다.

'주식 시장에 피가 낭자할 때. 설령 그것이 당신의 피일지라도.'

주식 시장에 피가 철철 넘치면 투자자들이 공포에 질려 주식을 내다 팝니다. 좋은 주식도 헐값에 팔리니 이때야말로 주식을 매수할 최적의 타이밍입니다.

그러나 실제로 주식이 폭락해 칼날이 떨어지는 상황에서, 여기저기서 손모가지가 날아가고 비명 소리가 살벌한데 매수를 하는 사람은 거의 없습니다. 책으로 전쟁을 배우는 것과 전쟁터에 나가 피 튀기는 것을 직접 보는 건 다른 이야기이죠. 백전노장이자 최고의 싸움꾼인 워런 버핏도 칼날이 떨어질 때는 손을 내밀지 않습니다.

주가가 속수무책으로 하락하면 전두엽은 '지금이야'라고 말하지만, 편도체 속에 깊숙이 숨어 있는 파충류의 뇌는 이미 공포에 감염되어버립니다. 피 같은 돈이 전부 증발할 것 같은 공포감 때문에 파충류의 뇌는 '일단 팔고 도망가자'며 전두엽을 무시합니다. 그래서 폭락장이 되면 나는 가만히 있는데 손가락이 매도 버튼을 눌러버립니다. 이 와중에 정신 줄 잡고 매수 버튼을 누르는 사람은 백 명 중 한 명 있을까 말까인데, 이게 자신일 거란 착각은 하지 맙시다. 평범한 우리가 주식 투자로 큰돈을 벌지 못하는 첫 번째 이유는 폭락장에서 매수를 못 하기 때문입니다.

하락장을 기다리면 10년 허송세월한다

주식 투자로 큰돈을 벌지 못하는 두 번째 이유는 그나마도 시장에 피가 철철 넘치는 하락장은 자주 오지 않기 때문입니다. 그런 경우는 지난 30년간 3번밖에 없었습니다. 2000년 닷컴 버블 붕괴, 2008년 미국 부동산 저신용자 담보 대출(서브프라임 대출) 부실화에서 시작된 세계 금융 위기, 2020년 코로나 위기입니다 전두엽의 판단으로는 10년에 한 번 오는 일생일대의 기회인데, 이 기회를 잡기 위해 10년간 돈을 모으며 대폭락을 기다리는 것은 가능한 시나리오가 아닙니다. 오히려 10년간 폭락을 기다리다가 아예 주식 시장에 참여하지 못하게 됩니다. 주식을 싸게 살 최고의 타이밍을 잡으려고 피가 철철 넘쳐흐를 때를 면벽 수행하듯 기다리다 10년 허송세월하는 수가 있습니다.

로또도 일단 사둬야 당첨을 기대할 수 있듯, 주식 투자 역시 주식을 사야 배당금이나 주가 상승을 기대할 수 있습니다. 따라서 주식 투자로 돈을 벌려면 하락장을 기다리지 말고 지금 바로 주식 매수를 해야 합니다.

배당 투자는 바로 오늘, 지금 매수하기 때문에 마켓 타이밍을 이깁니다. 최고점에 매수했더라도 배당으로 하락을 버틸 수 있고, 최저점에 들어가면 수익을 극대화할 수 있습니다. 따라서 배당 투자자는 언제 올지 모르는 하락을 기다리며 기회 수익인 배당금을 놓칠 이유가 없습니다.

다음 그래프는 1927년, 즉 대공황 직전에 미국 주식 시장이 대폭등하여 S&P500 지수가 30~40%씩 오르던 때부터 2024년 5월 현재까지 S&P500 지수의 토털 리턴을 표시한 차트입니다.

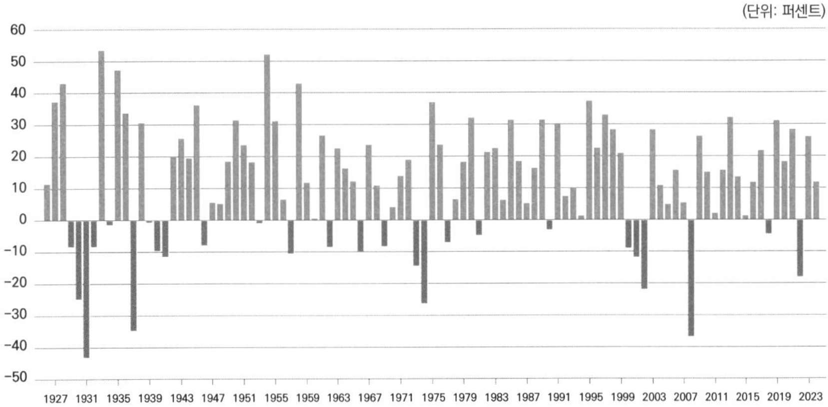

100년간 S&P500 토털 리턴 차트

지난 근 100년간 S&P500 투자에서 배당을 포함한 토털 리턴이 손실이 난 경우는 26회였습니다. 수익이 난 것은 70회였습니다. 배당 투자자가 지난 100년간 아무 해에나 주식을 샀다면 하락은 26번, 상승은 70번으로 그해에 돈을 벌 확률은 70%가 넘습니다.

즉 마켓 타이밍 상관없이 아무 때나 매수해도 배당을 포함하면 돈을 벌 확률이 70% 이상이라는 것입니다. 게다가 하락장은 오래 지속되지도 않으니, 하락장에서의 배당 재투자는 수익을 극대화할 좋은 기회입니다.

역사적으로 미국 주식 시장은 스페인 독감 이후 1929년 대공황 직전까지 주가가 무려 10배 상승하다가 80% 대폭락하였습니다.

그럼에도 1929년 대공황을 포함하여 지난 100년간 3년 연속 토털 리턴이 마이너스인 경우는 딱 2번뿐이었습니다. 1929년 대공황과 2000년 닷컴 버블을 제외하고는 배당 투자자가 3년 연속 투자해서 손해를 본 경우는 없었습니다. 2008년 세계적 금융 위기 때도 1년 만인 2009년에 토털 리턴이 27%로 급등하였습니다.

배당 투자자는 역사상 최고점에 물려도 3년만 버티면 수익률을 회복합니다.

위 차트에서 보듯 깊은 하락이 온 다음 해에는 반등이 크게 옵니다. 골이 깊으면 산이 높고 산이 높으면 골이 깊다는 주식 시장의 격언이 S&P500의 역사에서도 증명되고 있는 셈입니다. 하락을 기다리다 기회를 놓치면 안 됩니다.

매수 타이밍 재지 않고 오늘 바로 매수해도 2년이면 수익률이 회복되고 최악의 상투에서 매수했더라도 3년이면 회복한다는 점을 꼭 기억하십시오. 굳이 하락을 기다렸다 매수할 필요 없습니다. 돈 생기면 바로 주식을 사면 됩니다.

닷컴 버블도 이겨낸 배당주

1999년 닷컴 버블 붕괴 당시에 배당이 적은 나스닥은 대폭락하였으나, 대형 우량 배당주가 많이 포함된 다우와 S&P500 지수의 하락 폭은 상대적으로 낮았습니다. 닷컴 버블 붕괴 시 나스닥은 고점에서 70% 하락한 반면, 다우는 11%, S&P500은 28% 하락하였습니다.

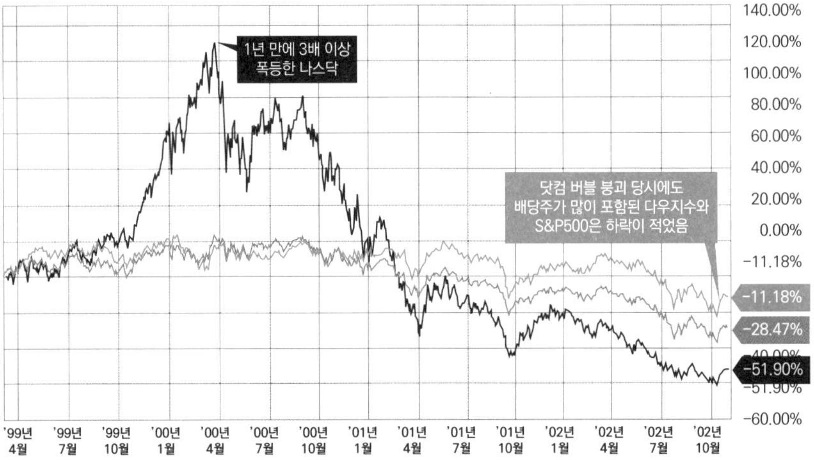

닷컴 버블 붕괴 시 다우, S&P500, 나스닥 주가

배당주는 닷컴 버블 붕괴 때도 하락이 적었고, 매년 3~4%씩 배당을 받기 때문에 그때와 같은 충격이 와도 상대적으로 영향을 덜 받습니다. 따라서 주식이 떨어질까 무서워서 매수 못 할 이유가 없습니다.

10년에 한 번 올까 말까 한 하락을 기다리며 아무것도 안 하는 투자자에 비해, 배당 투자자는 10년 동안 받은 배당금만으로 이미 원금의 70% 이상을 확보합니다. 여기에 10년간 추가로 배당 재투자까지 했다면, 배당 투자만으로도 이미 2배 이상의 토털 리턴을 낼 수 있습니다.

주식 투자에서 가장 피해야 하는 상황은 한번에 50~60%씩 투자금이 증발하는 상황인데, 이렇게 되면 복리 효과가 무너져서 투자금을 회복하는 데 긴 시간이 걸립니다. 그런 측면에서 배당주는 복리 효과를 무너트리지 않습니다. 한 해에 100% 벌고 그다음 해에 90% 잃는 것보다, 매년 5~6%씩 꾸준한 수익을 내는 배당 투자의 복리 효과가 훨씬 큽니다. 변동성이 적은 배당 투자를 해야 복리 효과를 최대한 누릴 수 있습니다.

배당 투자자에게 최고의 매수 타이밍은 그냥 계속 사는 것입니다.

07

배당 투자자는 하락이 두렵지 않은 이유

그 많던 파이어족은 어디로 갔을까?

2020년과 2021년 상승장에서는 호기롭게 계좌와 매매 내역을 인증하고 파이어하신 분들이 참 많았습니다. 아침마다 간과 쓸개를 냉장고에 꺼내놓고 꾸역꾸역 출근하는 수많은 회사원들의 부러움을 사곤 했지요. 이런 분위기 때문일까요? 제 블로그 이웃 중에도 매일 투자 성과를 올리고 내역을 공유하며, 배당 투자로 경제적 자유를 이루겠다는 분들이 많았습니다.

그러나 2022년, 미국 나스닥이 30% 이상 폭락하자 파이어족들이 하나둘씩 사라지더니 투자를 포기하는 분들이 나오더군요. 필자 블로그에 달린 댓글 중 기억나는 것들이 있습니다.

“저는 아무래도 여기까지인가 봅니다. 더 이상 물 타기는 힘들 것 같아요.”

“저는 주식 투자가 진짜 안 맞는 것 같아요.”

“하락폭이 너무 크네요. 더 이상 투자하는 것은 무의미한 것 같아 여기서 손절합니다.”

“그동안 수업료 냈다고 생각하고 앞으로는 주식 안 하려고 합니다.”

“이제 주식 앱 지우고 일상으로 돌아갑니다.”

아예 시장을 떠나버렸는지 블로그를 접은 분들도 많습니다. 그때 몇 개월만 견뎠으면 2023년과 2024년에 다시 상승할 때 복리가 복리로 늘어나는 유익한 경험을 할 수 있었을 텐데 아쉬움이 큽니다. 조금만 더 버텼으면 됐거든요.

2024년 들어 나스닥이 연일 최고점을 경신하기 때문인지 주식 관련 대화가 부쩍 늘었습니다. 대부분 ‘누가 얼마 벌었다더라’, ‘지금이 고점이다’라는 류의 대화인데, 필자는 ‘남의 밥상 반찬 세봐야 배 안 부른다. 보리밥에 된장국이라도 자기 밥상에 올려놔야 내 것이다’라며 남의 밥상 부러워 말고, 자기 밥상 차려 먹으라고 말하고는 합니다. 이런 대화가 오고 가면 나오는 반응은 보통 이러합니다.

주식을 안 해본 사람은 “매수했다가 주식이 하락하면 어떻게 해요?”라고 말하고, 주식을 조금 해본 사람은 “지금은 나스닥 최고점이라 들어갈 타이밍이 아니네요”라며 아는 척을 합니다.

독자분들은 어떠신가요? 상승장 초입에서는 하락할 것 같아 못 들어오다가, 남들이 주식으로 돈 벌었다는 소문에 FOMO(fearing of missing out. 자신이 매수하지 않은 종목이 급등해버려 수익을 놓칠까 두려움과 스트레스를 받는 상태)를 못 이기고 뒤늦게 들어와 하락장에 다시 시장을 떠나는 일을 반복하지는 않으시나요?

그러나 배당 투자자는 하락을 두려워할 필요가 없습니다.

대공황, 인플레이션, 스태그플레이션, 팬데믹, 북한의 남침, 블랙 먼데이에도 불구하고 시장은 120년 넘게 우상향하고 있습니다. 우리는 증시 역사에서 대폭락 운운하는 사건을 수없이 경험했고, 그것들도 지나고 보면 해프닝에 불과하다는 것을 확실히 알고 있습니다.

1918년, 스페인 독감이 팬데믹으로 변해 전 세계 인구 중 5000만 명이 사망했다고 합니다. 이 병은 당시 조선에도 번져, 김구 선생님조차 감염되어 죽을 만큼 고생했다고 하지요(그땐 스페인 독감인지조차 몰랐다고 합니다).

주식의 역사는 반복되는데, 스페인 독감 후에 주식 시장에 어떤 일이 일어났는지 한번 알아봅시다.

1918년 스페인 독감이 팬데믹으로 갈 때도 주식 시장은 올랐습니다. 팬데믹이 끝나자 주가는 거의 50% 가까이 하락했다가, 그 이후 10년간 대세 상승을 합니다.

스페인 독감 이후의 주식 시장

2020년 이후의 주가 흐름이 스페인 독감 당시와 상당히 유사합니다. 1918년 스페인 독감 때도, 2020년 코로나 팬데믹 때도 주가는 올랐습니다. 오히려 스페인 독감이 끝나고 주가가 하락했듯, 코로나 팬데믹 때에도 오르던 주가는 2022년에 33% 하락했습니다.

만약 역사가 반복된다면 현재 우리는 대세 상승 한가운데에 있는 것일 수 있습니다. 따라서 현재가 고점이라거나 버블이라는 말에 흔들리지 말고 냉철하게 주가를 바라볼 필요가 있습니다. 만약 지금이 스페인 독감 후 상황과 비슷하다면 주가는 앞으로도 한참 더 상승할 여력이 남아 있습니다. 물론 10년 대세 상승 후, 산이 높으면 골이 깊듯 80% 대폭락하는 대공황이 올 수도 있겠지만요.

다우 120년 차트가 가르쳐주는 하락의 인사이트

1929년, 미국 다우 지수가 80% 이상 대폭락하는 주식 역사상 가장 큰 하락이 있었습니다. 1929년 8월에 대폭락을 시작하여 무려 25년이 지난 1954년 8월에야 전고점을 회복할 정도로 충격이 컸습니다.

많은 주식 전문가들은 대공황처럼 한번 하락하면 전고점 회복에 이렇게 긴 시간이 걸릴 수도 있기에 하락장을 피해야 한다고 겁을 주고, 매도할 것을 종용하기도 합니다.

그러나 필자가 우리 배당 투자자에게 꼭 말씀드리고 싶은 역사적 팩트가 있습니다. 필자가 알려드리는 이 인사이트를 꼭 기억하시기 바랍니다.

다음 차트의 주황색 박스를 보십시오. 주식 시장의 고점에서 폭락하여 바닥에 도달하는 시간이 점점 짧아지고 있습니다.

대공항 때는 1929년 9월에 하락이 시작되어 1932년 6월, 29개월 만에 바닥에 도달했습니다.

오일 쇼크 때는 1972년 11월에 하락이 시작되어 1974년 9월, 21개월 만에 바닥에 도달했습니다.

세계 금융 위기 때는 2007년 9월에 하락이 시작되어 2009년 2월, 15개월 만에 바닥에 도달했습니다.

가장 최근에는 2021년 11월에 하락이 시작되어 2022년 10월, 11개월 만에 바닥에 도달했습니다.

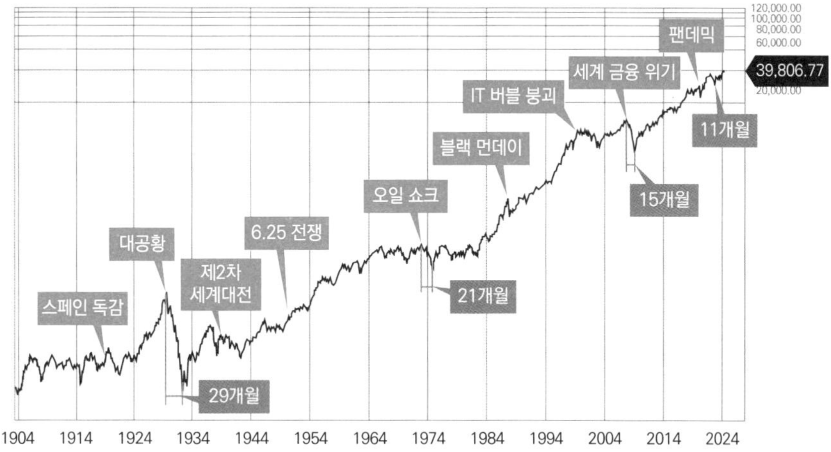

주식 시장 폭락 시 바닥까지 도달한 기간

주식 시장이 80% 하락하는 대폭락장이 와도 최대 29개월이 지나면 바닥에 도달하며, 그 기간은 점점 짧아짐을 역사가 증명합니다. 미국 연준과 금융 기관, 미국 정부와 대학의 수많은 전문가들이 다양한 금융 기법들을 찾아내면서 하락에 대응하는 지혜가 점점 발달한 것입니다.

세계 금융 위기를 이겨낸 헬리콥터 벤

2007년, 리먼 브라더스의 파산으로 세계적인 금융 위기가 시작되었습니다. 금융 기관들이 서로를 믿지 못하고 돈을 빌려주지 않으면서 금융 위기가 미국을 넘어 세계로 번지기 시작했습니다.

우리나라도 이 피해를 고스란히 입어 원 달러 환율이 1,400원을 넘으며 달러 고갈이 발생하였고, 국민들은 불과 10년도 안 되어 제2의 IMF가 다시 오나 싶어 두려워했습니다.

이때 연준 의장 벤 버냉키는 세계적인 자금 경색을 풀기 위해 "달러를 무제한으로 풀겠다. 부족하면 헬리콥터를 동원해서라도 살포하겠다"며 시장을 안심시켰습니다. 이 때문에 버냉키 의장은 '헬리콥터 벤'이란 별명을 얻었고, 주식 시장은 15개월 만에 바닥을 찍고 반등했습니다.

알고 보니 벤 버냉키 의장의 전공은 '세계 대공황'이었습니다. 그는 대공황의 문제점을 정확히 알고 있었던 것입니다. 벤 버냉키 의장은 달러 무제한 살포 같은 놀라운 정책으로 세계 대공황 위기를 막았고, 이 공로로 노벨 경제학상을 받기도 했습니다. 우리 호모 사피엔스들은 과거로부터 교훈을 얻어 지혜를 발달시키면서, 이렇게 주식 시장의 하락 기간도 단축시켜왔다는 낙관적인 사실을 꼭 기억했으면 합니다.

하락이 아무리 극심해도 30개월 이상 지속된 적은 없다는 인사이트를 기억하십시오.

우리 배당 투자자들은 배당을 받아 꾸준히 분할 매수하면 하락을 두려워할 일이 없습니다. 최악의 상황이 와도 한 20개월 버티면 바닥이 나옵니다. 오히려 이러한 하락을 통해 배당률을 높이고 자산 증식을 가속화할 수 있음을 절대 잊지 말아야 합니다.

이 사실을 잊지 마십시오. 비관론자는 일시적인 명성을 얻고 조용히 사라지지만, 낙관론자는 꾸준하게 돈을 벌며 발전합니다.

우리는 호모 사피엔스의 지혜를 믿고, 낙관론자가 되어 꾸준하게 배당금을 재투자하며 돈을 벌면 됩니다.

08

금융종합소득세는 폭탄이 아니다

금융종합소득세 폭탄론의 진실

배당 관련 유튜브를 보다 보면, '배당금이 2000만 원을 넘으면 종합소득세가 폭탄이다. 최고 세율이 45%로 배당금의 절반을 세금으로 내야 한다'며 배당 투자에 대한 부정적인 댓글이 많이 있습니다.

그러나 배당금을 2000만 원 넘게 받는 사람들이 실제로 세금을 얼마 냈는지 확인해보면 그렇지 않다는 것을 알 수 있습니다. 조금만 살펴봐도 진실이 드러나는데 배당 투자는 세금 때문에 하면 안 된다고 말하면 곤란합니다.

필자가 직접 확인해봤습니다. 연봉이 1억 조금 넘고 배당금을 2700만 원 받았다는 주변 지인에게 직접 물어보니 40만 원 정도

냈다고 하더군요. 아는 세무사에게도 체크해보니 그 정도 나올 거라고 합니다.

종합금융소득세로 얼마를 내야 하는지를 연봉 5000만 원, 1억 원을 받는 경우와 급여 소득이 없는 경우로 자세히 나누어 설명해보겠습니다. 이를 통해 우리는 종합소득세를 걱정하기보다는 배당금을 늘리는 데 집중해야 한다는 것을 알 수 있습니다.

먼저 우리나라 소득세 과세 표준을 알아야 합니다. 우리나라는 5월에 종합소득세를 신고해야 합니다. 급여 소득만 있으면 회사에서 알아서 원천 징수하기 때문에 그걸로 끝입니다.

그러나 네이버 애드포스트 같은 기타 소득이나 원고료 같은 사업 소득이 있는 사람, 이자와 배당금 등을 합쳐 세전 2000만 원이 넘는 사람은 세금을 제외한 소득을 급여와 합쳐서 국세청에 스스로 신고 및 납부해야 합니다. 국세청 종합소득세 세율에 따라 세금을 계산하여, 덜 냈으면 추가 납부하고 더 냈으면 환급을 받습니다.

우리나라 소득세 과세 표준(2023년 귀속)

과세 표준	세율	누진 공제
1400만 원 이하	6%	-
1400만 원 초과 5000만 원 이하	15%	126만 원
5000만 원 초과 8800만 원 이하	24%	576만 원
8800만 원 초과 1억 5000만 원 이하	35%	1544만 원
1억 5000만 원 초과 3억 원 이하	38%	1994만 원
3억 원 초과 5억 원 이하	40%	2594만 원
5억 원 초과 10억 원 이하	42%	3594만 원
10억 원 초과	45%	6594만 원

예시 1 **연봉 5000만 원인 회사원의 금융종합소득세**

연봉 5000만 원인 회사원의 과세 기준을 4000만 원이라고 하고, 배당금이 2000만 원 이하인 경우와 2500만 원인 경우, 3000만 원인 경우를 비교해보겠습니다.

1) 배당금 2000만 원 이하로 금융종합과세 대상자가 아닌 경우 소득세
4000만 원 × 0.15(세율) - 누진 공제(126만 원) = 474만 원

2) 배당금 2500만 원으로 금융종합과세 대상자인 경우 소득세
2000만 원을 초과한 500만 원에 대해서만 종합소득세를 징수하게 되므로
(4000만 원 + 500만 원) × 0.15(세율) - 누진공제(126만 원) = 549만 원

소득이 5000만 원인 회사원이 배당금 2500만 원을 받을 때와 2000만 원을 받을 때의 소득세 차이는 75만 원입니다. 그러나 2500만 원의 배당 중 초과된 금액 500만 원에 대해서는 배당금을 받을 때 그 금액의 15%, 즉 75만 원을 원천 징수하였기 때문에 추가로 내는 소득세는 0원이 됩니다.

그럼 배당금이 3000만 원인 경우도 알아보겠습니다.

3) 배당금 3000만 원으로 금융종합과세 대상자인 경우 소득세
3000만 원 중 1000만 원이 과세 대상이 되므로
(4000만 원 + 1000만 원) × 0.15(세율) - 누진 공제(126만 원) = 624만 원

15% 원천 징수한 150만 원이 있기에 추가로 납부할 종합금융소득세는 거의 없습니다.

즉 연봉이 5000만 원인 회사원은 배당금을 3000만 원 정도 받아도 추가로 내는 금융종합소득세는 거의 0원에 가깝습니다(물론 결혼 여부, 카드 사용, 보험 등에 따라 개인차는 있음).

예시 2 연봉 1억 원인 회사원의 금융종합소득세

연봉이 1억이면, 과세 표준은 대부분 8800만 원 이하 구간에서 결정됩니다. 보통의 회사원이라면 가족 공제, 국민연금, 건강 보험료, 개인연금(IRP, ISA), 보험, 카드, 교육비 등에서 공제를 받기 때문에 실제 과세 구간은 7500만 원 전후인 경우가 많습니다.

따라서 배당금을 2500만 원 받을 경우, 7500만 원에 2000만 원 초과분인 500만 원이 더해져도 과세 표준 구간이 24%에 들기 때문에 금융종합소득세가 크게 늘지 않습니다.

1) 연봉 1억(과세 표준 7500만 원)이며 배당금이 2000만 원 이하인 경우
7500만 원 × 0.24(세율) - 누진 공제(576만 원) = 1224만 원

2) 연봉 1억 원(과세표준 7500만 원)이며 배당금이 2500만 원인 경우
(7500만 원 + 500만 원) × 0.24(세율) - 누진 공제(576만 원) = 1340만 원

배당금이 없는 경우보다 120만 원 정도 세금을 더 내야 합니다.

그러나 과세 대상 500만 원에는 이미 배당세 15%가 원천 징수

되었습니다. 즉 500만 원×0.15=75만 원은 이미 납부한 상태이기 때문에, 초과로 납부해야 할 120만 원에서 75만 원을 뺀 금액인 45만 원만 더 납부하면 되는 것입니다. 즉 연봉 1억 원인 회사원이 배당금 2500만 원을 받는 경우라도, 같은 연봉 1억원을 받고 배당금이 2000만 원 이하라 종합소득세 대상이 아닌 회사원보다 45만 원만 더 납부하면 됩니다.

그럼 배당금이 3000만 원이면 어떨까요?

3) 연봉 1억 원(과세 표준 7500만 원)이며 배당금이 3000만 원인 경우

(7500만 원 + 1000만 원) × 0.24(세율) - 누진 공제(576만 원) = 1464만 원

배당이 없는 경우보다 240만 원 세금을 더 내야 합니다. 그러나 과세대상 1000만 원에 대해 납부한 세금 150만 원을 빼면, 90만 원만 더 내면 됩니다.

이와 같이 계산해보면 다음의 표와 같은 결과를 얻게 됩니다.

연봉 1억 원 회사원	배당금 2000만 원	종합금융소득세 없음
	배당금 2500만 원	45만 원 추가 납부
	배당금 3000만 원	90만 원 추가 납부
	배당금 4000만 원	257만 원 추가 납부

하지만 건강 보험료는 2000만 원을 초과한 금액의 8%를 추가로 납부해야 합니다. 배당금이 2500만 원이면 40만 원, 배당금이 3000만 원이면 80만 원을 추가 납부해야 합니다.

예시 3 다른 소득 없이 배당금만 5000만 원인 경우 종합금융소득세

은퇴 등으로 인해서 소득 없이 배당금만 받는 경우도 있을 겁니다. 소득은 전혀 없고 배당 수익만 5000만 원이라고 가정해봅시다.

> 3000만 원 × 0.15(세율) – 누진 공제(126만 원) = 324만 원

* 2000만 원까지는 종합소득세 대상 아님

그러나 배당금 중 3000만 원에 대해 15% 원천 징수한 세금 450만 원이 있기 때문에, 추가로 납부할 금융종합소득세는 0원입니다. 세금을 추가로 더 낸 셈이지만, 국세청은 추가로 더 낸 126만 원의 세금은 돌려주지 않습니다.

회사원이 아닌 지역 가입자에게는 종합금융소득세가 아니라 건강 보험료가 진짜 폭탄입니다. 배당금을 5000만 원 받으면 종합금융소득세는 0원이지만, 건강 보험료는 기존에 내던 보험료에서 추가로 400만 원을 더 내야 합니다.

예시 4 다른 소득 없이 배당금만 7000만 원인 경우 종합금융소득세

이번에는 배당금만 7천만 원인 경우를 알아볼까요?

> 5000만 원 × 0.15(세율) – 누진 공제(126만 원) = 624만 원

* 2000만 원까지는 종합소득세 대상 아님

그러나 배당금 중 5000만 원에 이미 15% 원천 징수한 세금 750만 원이 있기 때문에, 역시 추가로 납부할 금융종합소득세는 0원입니다. 역시 국세청은 더 납부한 돈은 돌려주지 않습니다.

다른 소득이 없다면 배당금으로 7000만 원을 받아도 금융종합소득세는 나오지 않습니다. 그러나 이 경우에는 건강 보험료로 8%, 560만 원을 추가로 납부해야 합니다.

결론적으로 말하면 연봉 1억 원 이하의 회사원은 배당금을 3천만 원 정도 받아도 종합금융소득세는 100만 원을 넘지 않습니다. 물론 부양 가족과 개인연금, 소비 패턴 등에 따라 예외는 있을 수 있습니다. 그러나 일반적인 경우라면 미리 세금 걱정을 할 필요는 없습니다. 우리가 관심을 집중해야 할 부분은 우선 배당금 2000만 원을 받을 수 있도록 투자를 늘리는 것입니다.

한 푼 두 푼 소액이라도 모아서 배당주에 투자하면 이 배당주는 나중에 배당금을 주고, 또 이 배당금을 재투자하면 다시 배당금이 늘어납니다. 이렇게 돈이 돈을 낳는 선순환 사이클을 만들고 이걸 계속 반복하면서 복리로 불려나가는 것이 우리 배당 투자자가 할 일입니다.

09

배당금은 거짓말을 못 한다

주식 투자의 본질은 배당금

우리 독자분들은 종합소득세가 무섭지 않다는 것을 알았으니, 배당금 늘리기에 더 관심을 두어야 합니다. 배당이 중요한 이유는 배당금은 거짓말을 못 하기 때문입니다. 기업이 회계 장부를 조작해도 배당금은 조작할 수 없고, 어음으로 입금시킬 수도 없습니다. 배당금은 오로지 현금, 즉 달러나 원화로 입금시켜줘야 합니다. 따라서 배당금은 기업이 잘 운영되고 있다는 가장 강력한 증거입니다.

꾸준히 배당금을 지급하고 매년 올려주는 회사는 우량 기업일 가능성이 높고, 투자 실패 확률을 확실하게 줄여줍니다. 또한 오늘날 주식 투자가 이렇게 세계적으로 확산된 것도 배당금 때문입니다. 우리는 주식 투자의 본질이 배당금임을 상기할 필요가 있습니다.

주식은 1602년 암스테르담 증권 거래소에서 처음 공식적으로 거래되었습니다. 네덜란드는 인도에 가서 향신료를 사 와서 비싸게 팔았지요. 초기에는 귀족들이나 부자들이 그들만의 네트워크를 통해 투자한 뒤 그 증거로 증서(주식)를 받고, 배가 돌아오면 그 이익금을 배당했습니다. 이러한 투자가 활성화되어 상인이나 일반인도 참여하면서, 배가 들어오기 전에 돈이 급해져 증서를 팔려는 사람들이 나타났습니다. 곧 이 증서를 사려는 사람과 팔려는 사람을 연계해주고 커미션을 받는 거간꾼들이 생겨났고, 이들이 암스테르담 증권 거래소를 만들게 됩니다. 주식 투자 자체가 무역선이 돌아오면 그 이익금을 배당한 데서 시작된 것입니다.

제러미 시겔 교수는 논리가 명쾌하고 글이 쉬운 주식 낙관론자입니다. 필자는 제러미 교수의 칼럼이 나오면 일부러 원문을 찾아 읽는데, 그만큼 영감을 주는 배당 장기 투자의 구루입니다. 제러미 교수는 『주식에 장기 투자하라』와 『투자의 미래』란 책에서 장기 투자와 배당이야말로 주식 투자의 본질임을 강조하였습니다.

제러미 시겔 교수는 배당 재투자야말로 성공적인 주식 투자의 지름길이라고 강조합니다. 필자도 이에 100% 동의하는데, 제러미 시겔 교수의 설명을 소개합니다.

예시 1 **배당금을 재투자한 경우와 안 한 경우**

1871년에 주식에 투자한 1,000달러에서 발생한 배당금을 재투자한 경우와 재투자하지 않은 경우를 살펴봅시다. 재투자했을 경우에는 2003년에 총 금액이 거의 800만 달러로 늘어납니다. 반대로 재투자를 하지 않았을 때에는 25만 달러밖에 되지 않습니다.

1871년부터 2003년까지 122년 동안 투자자가 받은 배당금은 9만 달러에 불과하지만, 800만 달러의 97% 정도 되는 금액이 이 배당금 재투자에서 나온 것입니다.

*출처: 「투자의 미래」(제러미 시겔, 이레미디어, 2022)

| 자본 이득과 배당금 재투자 수익 |

예시 2 만약 대공황 때 분할 매수를 했다면?

1929년 9월 3일 최고점을 찍고 주식이 80% 이상 폭락한 대공황. 1932년 6월, 29개월 만에 바닥을 찍은 이후 주가는 조금씩 반등과 하락을 반복하면서 1954년 11월 24일, 무려 25년 만에 전고점을 돌파하였습니다.

하지만 이런 엄청난 폭락장에서도 꾸준하게 분할 매수를 했다면 6년 만인 1935년에는 원금 회복을 할 수 있었고, 1954년까지 배당 재투자를 했다면 총수익은 투자금의 4배 이상으로 증가해 있었을 겁니다.

> **배당 재투자는 약세장에서 하락을 보호해주고,**
> **수익을 가속화해준다.** - 제러미 시겔

예시 3 배당주와 S&P500 성과 비교

제러미 교수는 비교군을 1) 배당률이 높은 상위 20%, 2) 배당률이 낮은 하위 20%, 3) S&P500으로 분류하여 1958년부터 2003년까지 투자했을 시 성과를 비교했습니다.

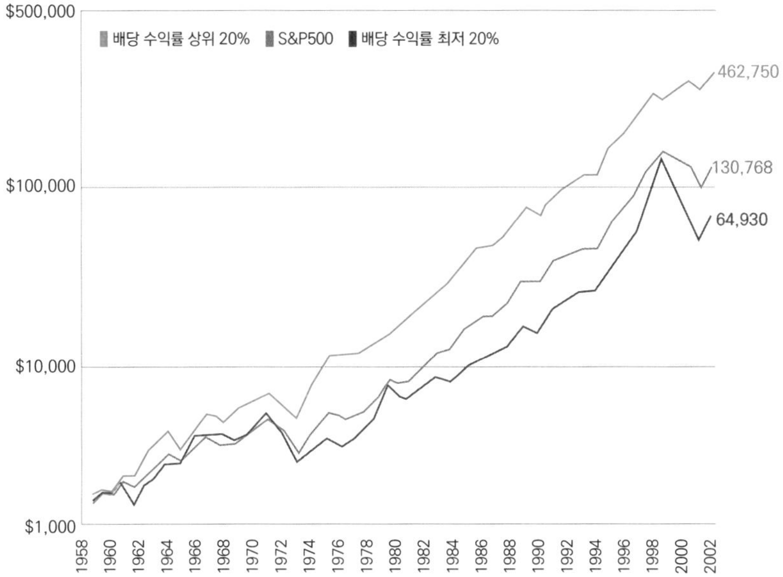

*출처: 『투자의 미래』(제러미 시겔, 이레미디어, 2022)

| 배당률 상·하위 20% 기업과 S&P500 주가 비교 |

놀랍게도 성장을 많이 한 기업보다 성장률은 낮아도 배당률 높은 기업군이 최고의 성적을 냈습니다. 즉 배당률이 높은 기업의 장기 성과는 성장주보다 훨씬 더 좋다는 것입니다.

그가 제시한 개별 종목들의 사례를 좀 더 살펴보면 1980년 당시 세계 최고의 기술주였던 IBM보다 한물갔다고 여겨진 스탠더드오일이 더 우수한 성과를 보였다고 합니다. 또한 지난 50년간 압도적으로 수익률 1위를 기록한 회사는 바로 담배 회사 필립모리스였다고 합니다. 환경 단체와 기관으로부터 소송과 규제를 당하며 주가는 여러 번 폭락했지만, 배당 재투자를 통해 연평균 수익률 19.5%로 기술주를 따돌리고 1위를 기록한 것입니다. 또한 신기술주에 투자한 것보다, S&P500 지수에 오래 살아남은 배당주에 투자할 때 성과가 더 좋았다고 합니다.

제러미 시겔 교수는 미래의 주식 투자도 이러한 패턴을 벗어나지 않을 것이라고 주장하며, 현금 흐름 좋고 배당 잘하는 주식에 투자해야 한다고 조언합니다. 이와 더불어 가능한 한 싸게 사는 것이 좋다며, 신규 공모주(IPO 주식)나 모든 사람들이 투자해야 한다고 하는 업종, 기업은 피하는 것이 좋다고 말했습니다.

인공지능의 시대가 눈앞에 온 것처럼 보이고 실제로 그럴 수도 있습니다만, 인공지능이란 말은 이미 1956년에 나왔고 당시 IBM은 인공지능과 컴퓨터 분야에서 가장 앞선 세계 최고의 최첨단 기업이었습니다. IBM은 1968년부터 1994년까지 무려 27년 동안 시가총액 1위 자리를 지킨 첨단 기술주로, 오늘날의 애플, 마이크로소프트, 엔비디아의 삼두 체제는 비교가 되지 않을 정도였습니다. 현재 시가총액 1위인 마이크로소프트를 세운 빌게이츠란 20대 초반의 애송이에게 개인용 컴퓨터 OS(MS-DOS)를 라이센스 주고 구매하면서, 미래를 마이크로소프트에게 도둑(?)맞아버리긴 했지만요. 27년간 시가총액 1위였던 그 대단한 기술주 IBM에 투자한 결과보다 한물간 고배당주였던 정유 회사나 담배 회사에 장기 투자한 결과가 좋았다는 사실을 다시 한번 상기할 필요가 있습니다.

배당주 투자가 느려 보이고 때론 FOMO를 유발할 수도 있지만, IBM과 정유 회사, 담배 회사의 사례처럼 장기적인 배당 재투자를 통해 더 좋은 성과를 낼 수 있습니다. 현금 흐름이 좋고 배당 잘 주는 주식에 장기 배당 투자를 하면 성장주를 이길 수 있습니다. 우리 배당 투자자는 배당금은 거짓말 못 한다는 사실과 장기 배당 재투자는 배당 투자의 알파와 오메가임을 항상 잊지 말아야 합니다.

10

인생에서 3번의 기회는 누구에게나 온다

날려버린 기회에서 깨달은 교훈

'인생에서 3번의 기회는 누구에게나 온다'는 말은 허튼 소리가 아닙니다. 다만 인생에서 만나는 3번의 기회를 잡는 사람과 잡지 못하는 사람이 있을 뿐입니다. 독자 여러분 중에는 그 기회를 본 적조차 없다는 분도 있으시겠지만, 그 기회라는 녀석은 우리가 모르게 스쳐 지나갔을 뿐이지 항상 도처에 있습니다. 필자가 보기엔 3번이 아니라 10번도 넘게 오는 것 같습니다.

중요한 것은 널려 있는 기회를 낚아채느냐입니다. 주제 넘는 희망이지만, 배당과 주식 투자의 실제 경험과 진정성을 담은 이 책이 독자 여러분에게 하나의 기회가 되기를 간절히 소망합니다. 이 장에서는 필자의 부끄러운 개인적 경험을 털어놓으려고 합니다. 필자가 놓친 수많은 기회 중에 기억나는 것 3개와 그나마 운 좋게 건진 3번의 기회를 말씀드려봅니다.

첫 번째로 놓친 기회는 필자가 모 대기업 연구소에 근무할 때 찾아왔습니다. 그 유명한 도곡동 타워팰리스가 분양이 잘 되지 않아 싸게 팔겠다는 메일이 몇 번이나 왔습니다. '○○기업 간부님들에게만 S사 K 부장이 개인적으로 할인해주겠다'는 메일이죠. 오래전이라 가물거리지만 당시 60평대는 6억 전후였던 것 같고, 작은 평수는 4억도 안 했던 것 같습니다. 동료들과 이야기해보니, '이렇게 경기가 안 좋은데, 타워팰리스 같은 주상복합 샀다가는 망한다'는 게 결론이었습니다. 필자는 아무 생각 없이 그렇게 그 기회를 놓쳤지만, 누군가는 그 미분양된 물건을 받아 10배 이상 큰돈을 벌었습니다. 필자가 얻은 교훈 중 하나는 돈을 벌려면 실제로 돈을 번 사람이나 부자에게 물어봐야지, 돈 벌어본 적 없는 주변의 고만고만한 사람들과 얘기해봤자 도움이 안 된다는 것입니다. 주식으로 돈을 벌려면 주식으로 돈 번 사람에게, 부동산으로 돈을 벌려면 부동산으로 돈 번 사람에게 상담해야 합니다.

두 번째는 IT 회사에서 인터넷 기획 팀장으로 일하던 때입니다. 인터넷 관련 신사업을 기획하는 업무라 네이버, 다음 같은 IT 기업, 블록체인, 배달의 민족 등 스타트업을 하시는 분들과 많이 만났습니다. 당연히 비트코인 이야기도 듣고, 매수 권유를 받기도 했지요. 비트코인의 미래를 소개하며 매수하라는 메일이 참 많이 왔는데, 당시 가격이 10달러도 안 했어요. 혹시나 싶어서 IT 전문가들에게 재미 삼아 사볼까 물어보니, 그러라는 전문가는 단 한

명도 없었습니다. 블록체인이란 보안 기술에서 나오는 토큰 어쩌고저쩌고하면서 화폐 가치가 전혀 없다고, 그럴 돈으로 같이 밥이나 먹자고 하더군요. 누구보다 빨리 비트코인에 대해 알고 매수 권유도 받았지만, 그렇게 어이없이 기회를 날렸습니다. 나중에 통신 관련 모 협회에서 한 사람이 이것을 샀고, 지인들에게 없는 셈 치고 사라고 권해 주변 사람들도 몇십만 원씩 사서 돈을 벌었다고 합니다. 필자는 또 한 번 '껄무새'가 되어 두 번째 기회도 날렸습니다.

두 번째 기회를 놓친 뒤 얻은 교훈은 전문가의 말이라고 해서 무조건 옳지는 않다는 것입니다. 전문가들은 생각보다 비관적으로 전망하는 경우가 많습니다. 그래야 스마트하게 보인다고 생각하는 것인지도 모르겠습니다(비관론자는 명성을 얻거든요). 전문가의 의견도 항상 비관론과 낙관론 양쪽을 확인해야 껄무새가 되지 않습니다.

세 번째는 주식과 관련된 이야기입니다. 주식 껄무새인 사람은 필자 말고도 500만 명은 될 겁니다. 독자 여러분들도 가슴 깊은 곳에 두고두고 회한이 되는 종목이 다들 몇 개씩은 있으시겠지요(없으면 주식 천재 혹은 초고수 맞습니다). 필자의 껄무새 타령 주식은 엔비디아입니다.

2022년 하락장에서 엔비디아가 거의 바닥일 때, 110~123달러대(액면 분할 전 가격)에 적극적으로 매수하였습니다. 그러다 2023년 3월 미국의 실리콘 밸리 은행 파산 등 연이은 지방 은행 파산이 이어지자 '멘붕'이 와서 엔비디아를 팔고, 은행을 살리기 위하여 연준이 금리를 내릴 거라 보고 장기 채권 *TLT를 매수하였습니다. 엔비디아를 팔고 장기 채권을 산 것까지는 봐줄 만한데, 한 발 더 나아가 테슬라를 추가 매수했어요. 1년이 지난 뒤 보니 엔비디아는 8배 넘게 올랐고, 장기채권 TLT와 테슬라는 마이너스 20%가 넘었습니다. 2배로 쓰리게 아픈 엔비디아가 세 번째 껄무새였습니다.

*TLT
미국 장기 국채에 투자하는 ETF로, 만기가 20년 이상 남은 채권에 투자해 3% 전후의 배당을 주는 월 배당 상품. 장기 채권일수록 금리 민감도가 높아 금리가 1% 내리면 주가는 27% 전후로 상승한다. 금리 하락 시에는 큰 수익을 낼 수 있다. 그러나 금리가 올라가면 역으로 그만큼 큰 손실을 본다.

독자분들도 마찬가지겠지만, 껄무새 타령이 엔비디아 하나뿐이겠습니까? 2015년에 국장에서 사고 팔고 하던 무렵, 후배가 "형, 이거 진짜 형한테만 알려주는 건데, 신라젠 사요"라고 하더군요. 사촌 형이 의사인데, 돈만 생기면 신라젠을 계속 산다는 겁니다. 그때 신라젠 주가가 6,000원 정도였는데, 역시 그때도 귓등으로 흘려들었어요. 한참 지나서 신라젠 대박 났다는 이야기를 듣고 주가를 봤더니 9만 원 무렵이더라고요. 6,000원에도 안 산 신라젠을 9만 원에 살 수 없어 껄무새 타령 했습니다.

엔비디아 팔고, 장기 채권 사서 얻은 세 번째 교훈은 부화뇌동하지 말고 엉덩이를 무겁게 하라는 것이었습니다. 어설픈 경제 지식과 언론의 호들갑에 얍삽하게 잔머리 굴려서 팔았던 엔비디아는 10배 오르고, 장기 채권 TLT는 3분의 1토막 나더라고요. 언론의 호들갑은 멀리하는 게 돈 버는 데 도움이 되는 것 같습니다.

기회는 위기란 가면을 쓰고 온다

정말 기회는 위기란 가면을 쓰고 옵니다. 대우 김우중 회장께서, '위기(危機)란 말은 위태로울 위(危)와 기회를 뜻하는 기(機)가 합쳐진 것이다. 위태로움 속에 기회가 있으니, 상황이 어렵다고 좌절하지 말고 열심히 하면 분명히 기회로 바뀐다'는 말씀을 하신 적이 있습니다.

필자가 잡은 첫 번째 기회는 월급을 도둑맞은 위기로 찾아왔습니다.

필자는 공고를 나왔는데, 첫 직장은 삼성전자 협력 업체였습니다. 첫 시급은 310원, 3개월 후에는 330원을 받았습니다. 일주일은 야간, 일주일은 주간 근무인 격주제 주 6일 근무로, 하루에 12시간씩 서서 플라스틱 TV케이스를 사출하였습니다. 사출기를 멈출 수 없어 점심도 공장 식당에서 잽싸게 먹고 교대를 해줘야 했지요. 이렇게 일하고 특근비 등을 합쳐 한 달에 13~15만 원 정도를 받았고 거기에서 월세 3만 원, 식비와 용돈을 빼면 6~7만 원 정도가 남았습니다. 고등학교를 졸업한 직후라 은행도 이용할 줄 몰라 신문지와 비닐 봉투로 월급을 싸서 차곡차곡 월세방 장판 밑에다 모았습니다.

그렇게 장판이 두툼하게 올라오는 느낌에 행복해하며 모은 돈을 깔고 잤습니다. 돈방석이 아니라 돈 장판 위에서 잠을 잔 셈이지요. 그런데 이렇게 알뜰살뜰 6개월 넘게 모은 그 돈을 도둑맞았습니다. 어느 날 느낌이 싸해서 장판을 열어보니, 돈봉투가 없어

졌어요. 눈앞이 깜깜해진다는 말은 진짜입니다. 눈물을 뚝뚝 흘리면서 주인 아주머니에게 찾아가 이야기했는데, 모르겠다는 싸늘한 반응뿐이더라고요.

반쯤 정신 줄 놓고 공장을 다니는데, 친구가 자기가 다니는 메리야스 공장이 시급을 더 준다더군요. 그리하여 옮겼는데, 그곳은 사출 공장보다 더 심한 노가다였어요. 거대한 옷감 뭉치를 낑낑대며 나르는 일이었거든요. 몸이 상할 것 같아 그만두고 이번엔 막노동판으로 갔지요. 돈이 많이 필요했거든요. 막노동은 강도는 셌지만 일당이 8,000원 정도라 공장에서 주야로 뛰며 15만 원을 받는 것보다 나았습니다. 한 달쯤 지나자 십장 아저씨가 젊은 친구가 성실하다고 앞으로 자기랑 같이하자며 일당을 1만 원으로 올려주었습니다.

그렇게 고임금(?)을 받고 십장 아저씨를 따라다니며 집도 지으러 가고, 도로 공사도 하러 다녔어요. 그런데 어느 날 아저씨들과 막걸리 마시면서 노가다판 사연 팔이를 하다가 월급 도둑맞은 서러운 이야기를 했지요. 그런데 그때 나이 든 아저씨 한 분이 '젊은 친구가 이런 데 오래 있어 봐야 도움 안 된다. 도둑도 머릿속에 든 것은 훔쳐 가지 못하니, 공부를 한번 해보라'고 하시더군요. 그 말에 정신이 번쩍 났습니다. 노가다판이 일당은 세지만 군대도 가야 하고 평생 할 일은 아니다 싶은 참에 뭔가 깨달음이 오더라고요. 그 길로 노가다를 그만두고 대학 입시를 준비했습니다. 재수해서 대학에 간 친구를 찾아가 입시 준비에 쓰던 책을 몽땅 빌려 와 그 책으로 공부를 했습니다. 운이 좋게 4년 장학생으로 기숙사비와 학비를 전액 면제받았고, 내친김에 석사 과정에 들어가 학교 실험실에서 2년간 먹고 자고 하면서 석사를 마친 뒤 병역 특례로 대기업 연구소에 취직했습니다.

하루 12시간씩 일해서 모은 6개월치 월급을 도둑맞은 위기가 지나고 보니 큰 기회였더라고요. 그때 월급을 도둑맞아서 머리가 멍해질 정도로 충격적인 위기가 오지 않았더라면, 시급 330원에도 먹고 사는 데 불만 없이 여전히 공장에 다니고 있을지도 모릅니다. 그 돈을 도둑맞고 나서 월급이 2배 이상 뛰고 고졸 현장직에서 석사 졸업 연구원이 되었으니, 첫 번째 위기가 기회가 된 셈입니다.

전셋집이 경매로 넘어가다

두 번째 위기이자 기회는 회사의 부도와 전셋집이 경매에 넘어간 것입니다.

대기업 연구원으로 일하며 대리, 과장으로 빠르게 진급해 잘나가나 싶었는데, 회사가 부도가 났습니다. 구조 조정을 당한 동료들과 선후배들이 하루아침에 잘려 그렁그렁한 눈을 하고 손을 벌벌 떨면서 짐을 싸던 모습이 지금도 눈에 선합니다. 팀장 멱살을 잡거나 책상을 뒤집는 사람도 있어 사무실은 아수라장이 되었고, 겨우 살아남은 자들도 차마 떠나는 동료들의 눈을 못 마주치고 흡연실에서 말없이 담배만 뻑뻑 피웠습니다.

그렇게 살벌히 구조 조정을 하며 버텼지만 부도를 막을 수는 없더군요. 회사의 끝을 본 데다가 월급도 3개월이나 안 나오니 하루빨리 벗어나고 싶은 마음뿐이었어요.

조그만 벤처로 가기로 했는데, 상무님이 여러 번 만류하시더군요. 조금 더 버티면 채권단이 자금을 지원할 거라며 '네가 젊어서 대기업 울타리가 얼마나 사회생활에 도움이 되는지 모른다'는 말씀을 해주셨어요. 《미생》이란 드라마에 나오는 "회사 안은 전쟁터라고? 밖은 지옥이다"라는 것과 비슷한 말이었습니다. 대기업 울타리에서 벗어나 벤처에 가자마자 상무님 말씀이 무슨 소리인지 깨닫게 되었습니다. 대기업 과장은 명함 하나로 충분하지만, 조그만 벤처 기업의 이사는 복잡합니다. 하나부터 열까지 전부 해야 하는 등 아수라장이라 6개월 만에 퇴사하고, 일본 기업으로 갔다가 또 6개월 만에 다시 퇴사했습니다. 이렇게 여러 회사를 전전하다 서울 송파구에 있는 회사로 이직을 했습니다. 그래서 송파에 전셋집을 얻었는데, 이 전셋집이 홀라당 경매에 넘어가버린 것입니다. 전입 신고를 늦게 하는 바람에 경매 배당 순위가 밀려 자칫 전세금도 못 받을 엄청난 위기였습니다. 처자식과 길바닥에 나앉을 생각을 하면, 분노로 자다가도 벌떡 일어날 정도였습니다. 도쿄에 파견 근무하던 시기라, 서울과 도쿄를 오가면서 3년을 집주인과 법원 사이에서 싸우다가 그냥 낙찰을 받았습니다.

지금 생각해도 아찔했던 두 번째 위기는 지나고 보니 강남 3구인 송파구에 60평대 집을 마련하는 기회가 되었습니다. 이 집은 필자의 가장 큰 자산이 되어 든든한 월세로 현금 흐름을 만들어

주고 있습니다. 노후 준비에도 큰 도움이 되고, 주식 투자에도 도움이 됩니다.

집이 경매로 넘어가고 낙찰을 받고 하는 정신없는 와중에 회사는 2번이나 통폐합과 구조 조정을 했습니다. 회사는 3번이나 바뀌었고, 사무실 위치는 송파동에서 도쿄로, 도쿄에서 광화문으로, 상암동 찍고 다시 송파동으로 바뀌었어요. 신파 수준의 파란만장한 월급쟁이 생활이 계속되던 와중에 세 번째 위기가 또 찾아왔습니다.

이른 나이에 당한 보직 해임

세 번째 기회는 보직 해임이라는, 지금도 기분 나쁜 가면을 쓰고 찾아왔습니다.

비서실에서 사장님 면담 연락이 왔어요. 그날따라 느낌이 쌔하더군요. 인사와 총무, 회계, 전산 등 회사 살림을 총괄하는 자리에 있던지라 일주일에 몇 번씩 사장실에 들락거렸는데, 그날은 그곳이 생소하게 느껴졌습니다.

사장님이 커피를 타주시면서 "이번에 새롭게 오픈한 부산 지역센터의 초대 센터장을 당신이 맡아줘야겠어"라며 툭 던지시더군요. 얼핏 들으면 지역 센터장으로 영전시켜주는 것 같지만 현 보직에서 자르겠다는 통보입니다. 센터장은 실권이 없는, 직함만 그럴듯한 자리거든요. 그래서 "지역 센터장으로는 못 가겠습니다.

자를 거면 깨끗하게 평직원으로 인사 내십시오"라고 말했지요.

그러니까 사장님이 확 달아오르시면서 이렇게 말씀하셨습니다.

"아니, 당신 말이야. 그 자리, 그래도 내가 당신 생각해서 급을 맞춰서 보내려고 신경 써준 건데 안 받겠다면 어쩌자는 거야?"

"그냥 평직원으로 발령내주세요"라고 하니 열을 좀 식히려는지 잠시 뜸을 들이다가 "내가 당신을 지역 센터장으로 인사 내면 어떻게 할 거야?"라고 하시더군요. 그래서 "인사 명령은 사장님 권한이니, 인사 내면 가겠습니다. 그러나 그러지 않으실 거라 믿습니다"라고 말했지요.

며칠 지나 인사팀장이 쭈뼛쭈뼛하며 평사원으로 발령 내는 인사 명령서를 가지고 방으로 오더군요. 뭐 어쩌겠어요, 내 목을 내가 치는 기분으로 인사 명령서에 서명했습니다.

그런데 이 세 번째 위기가 필자를 배당 투자로 이끈 계기가 될지는 생각도 못 했습니다.

퇴근 시간도 없이 일만 하다가 처음으로 마음 편하게 정시에 퇴근하니 인생이 풍요로워졌습니다. 책 읽고 공부할 시간이 확 늘었습니다. 6시 땡 하면 퇴근하여 주 3일은 모 대학 평생 교육원에 가서 인문학 공부도 하고, 다른 시간에는 주식 책을 읽으면서 새로운 세상을 맛보기 시작했습니다.

그때까지만 해도 차트를 보며 단타 매매에 주력했는데, 시간적 여유가 생겨 주식 공부를 다시 하다 보니 제대로 투자하고 싶은 마음이 생기더군요. 마침 회사에 해외 파견 공모가 나왔어요. 해외는 젊은 친구들이 가는데, 파견지가 중남미라서 그런지 아무도 지원을 안 했다고 하더라고요. 그래서 자원했습니다. 아무도 안 가려는 곳에 영어도 되고 해외 사업 경험이 많은 '고인 물'이 가겠다고 하니, 회사 입장에서도 '땡큐'였나 봅니다. 해외에서 근무하면 돈이 좀 남습니다. 한국 월급은 그대로 주고 해외 파견 수당과 주택 수당을 따로 주기 때문이지요. 주식에 투자할 돈이 더 늘어나고, 그때는 몰랐지만 미국 주식 시장에 투자할 기회까지 잡게 된 것입니다.

중남미 파견이 결정된 뒤, 현지에서 중고차를 구매하려고 아내에게 3000만 원만 빌려달라고 했습니다. 삼성전기 주식이 16만 원에 물렸는데 10만 원대까지 하락한 상태라 매도할 수가 없었어요. 망할 회사는 아니라 들고 있으면 원금 회복은 가능하겠지 싶어 돈을 빌려주면 삼성전기 주식 300주를 주겠다고 했지요. 주식 팔고 그 돈으로 차 사라고 일언지하에 거절당했습니다.

차를 사기 위해 삼성전기 주식을 팔 것인지 아니면 우버 타고 다닐 것인지 고민하며 중남미 생활을 시작했고, 결국에는 차를 못 샀습니다. 주가가 오를 게 보이는데 손절하고 차와 바꾸기에는 아까웠거든요. 그래서 파견 수당 중 쓰고 남은 돈을 계속 삼성전기에 물 타기 했고, 그렇게 모은 삼성전기 주식이 미국 배당주 투자의 종잣돈이 되었습니다.

중남미와 한국은 시차가 반대라, 저녁 6시가 되어야 한국 주식 시장이 개장합니다. 밤에 주식 단타를 하다 보니 피곤하기도 해서 시차가 거의 안 나는 미국 시장으로 옮겨 가게 되었습니다. 중남미에서는 치안 문제로 밤에 밖으로 나갈 일이 없어요. 그래서 블로그를 하며 미국 주식 관련 내용을 주로 포스팅하게 되었습니다. 보직 해임을 안 당했으면 미국 배당주 투자는 생각도 못 하고 여전히 국내 주식 시장에서 단타를 하고 있었을 겁니다. '위기는 기회다'라는 말은 팩트입니다.

주식 투자의 신세계 미국 시장

국장만 하다 미국 주식을 하면서 분기 배당과 월 배당 ETF에 대해 공부하게 되었습니다. 한국 주식 시장에서 배당 투자는 큰 의미가 없거든요. 대부분의 기업이 1년에 한 차례 배당하는데, 배당률이 5%여도 배당락일에는 여지없이 5% 이상 하락합니다. 한국에서 배당 투자는 손해 안 보면 다행입니다.

그런데 미국 주식은 분기 배당이라 배당락도 별로 없고 금방 회복이 되더군요. 게다가 주주 환원이 어찌나 잘되는지 어떻게든 배당을 올려주려고 안달하는 느낌입니다. 배당을 50년 이상 꾸준히 늘려온 *배당 킹 주식도 있더라고요. 배당을 50년간 계속 늘려온 기업들의 존재 자체도 경이롭고 신기했고, 월 배당은 신세계였습니다. 이런 미국 주식을 안 할 이유가 없어서 한국 주식을 정리하고 전부 미국 주식으로 옮겼습니다. 이때가 2021년 초였습니다.

*** 배당 킹**
'배당 킹'은 50년 연속 배당을 늘린 주식, '배당 귀족'은 25년 연속으로 배당을 늘린 주식에 주는 영광스러운 칭호이다.

필자의 필명이 '평온'입니다. 평온한 삶을 살아서가 아니라, 이제 좀 평온해지고 싶다는 바람으로 그렇게 지었습니다. 공고 나온 사출기 현장직에서 자동차 설계, IT 기획자, 전략 기획, 비서실, 총무, 인사, 사이버 보안, 3번의 해외 파견 등 회사 명함을 10번은 바꾼 듯합니다.

그러나 살면서 만나는 어려움이나 모욕, 힘든 일은 새로운 기회의 문을 열어주기 위한 일종의 통행세더라고요. 눈앞에 닥친 현실은 매우 쓰리고 아프지만, 괴로워하는 대신 관점을 달리하면 그것이 새로운 기회임을 여러 번 경험하였습니다.

신(神)은 필자에게 부자가 될 기회를 여러 번 주었지만, 타고난 돌머리에 눈치 제로라 스쳐 보낸 기회가 참 많습니다. 여러 번 기회를 줘도 눈치채지 못하니, 그것이 기회임을 알려주기 위해서 위기란 탈을 씌워 고통으로 자극한 것인지도 모르겠습니다.

주식 투자도 마찬가지입니다. 주식으로 부자가 된 사람들은 상승장이 아닌 하락장에서 매수한 사람들, 혹은 아무도 관심 없을 때 모아갔던 사람들입니다. 하락의 공포와 고통 혹은 무관심 속에서 그것이 기회임을 느끼며 매수한 사람이 주식 시장의 승리자가 됩니다. 고통이 올 때 도망가지 않고 그 고통을 기회로 여기며 견디는 사람이 인생에서 이깁니다.

2부

배당 투자자의 이기는 투자 전략

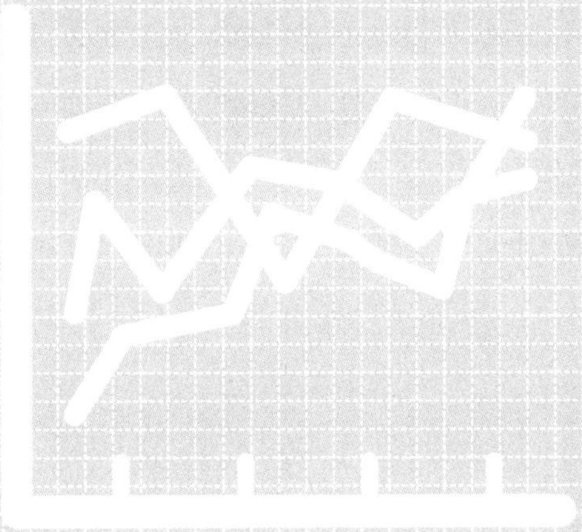

11

배당주 투자는 부동산 투자처럼

성공하는 부동산 투자의 3가지 팩트

부동산 전문가가 잘 모르는 시골에 있는 땅을 추천한다면 그 땅을 묻지도 따지지도 않고 사시겠습니까?

보통은 아무리 솔깃하더라도 그 땅이나 건물에 호재가 있는지, 발전 가능성은 어느 정도인지, 맹지는 아닌지 등을 알아보고 투자할 겁니다. 조금이라도 부동산 투자를 해본 사람이라면, 발전 가능성이 없는 시골 과수원이나 전답, 지방 소도시의 빌라나 연립 주택 같은 매물은 아무리 싸도 매수하지 않을 겁니다. 누가 봐도 매수한 가격이 최고점이 된다는 것을 잘 알고 있기 때문입니다.

그런데 부동산 투자는 이렇게 꼼꼼하게 하면서 왜 전문가 추천주 혹은 친구의 친구가 알려준 작전주, 테마주는 5분도 검토해보지 않고 덥석 묻지 마 투자를 할까요? 부동산은 투자금이 많아서 신중하게, 주식은 투자금이 적어서 쉽게 결정하는 것일까요? 그러나 많든 적든 내 돈은 소중하기 때문에, 아무 데나 투자를 하면 돈이 나를 배신하고 도망갑니다.

다시 부동산 얘기로 돌아와 3가지 질문을 던져보겠습니다.

첫 번째 질문은 이것입니다. 부동산 매물이 2개 있는데, 하나는 인구가 줄어들고 호재나 발전 청사진이 없는 지방 부동산이고, 다른 하나는 인구가 늘어나는 수도권의 아파트라면 둘 중 어떤 것을 사시겠습니까? 아무리 경제에 관심이 없는 사람이라도 99%는 수도권 부동산을 사야 한다고 답할 겁니다.

두 번째 질문은 이것입니다. 부동산 시장이 상승할 때 서울 강남 아파트 가격이 더 많이 오를까요, 아니면 인구가 줄어드는 시골 빌라가 더 오를까요? 97% 정도는 서울 강남 아파트의 가격이 더 상승할 것이라고 답할 겁니다.

세 번째 질문입니다. 부동산에 투자할 10억 원이 있다면 이 돈으로 서울 강남 아파트와 지방 소도시 아파트 중 무엇을 살 것인가요? (물론 강남 아파트를 10억 원으로 살 수는 없겠지만 그럴 수 있다는 가정하에.) 아마 90% 정도는 강남 아파트를 살 겁니다.

평균적인 투자자는 상식적이고 합리적인 결정을 하며, 투자 전에 직접 임장을 가고 주변 환경을 확인합니다. 그래서 초품아, 스세권, 쿠세권, 역세권 등도 자세히 알아봅니다. 꼼꼼하고 야무진 투자자는 사려는 지역의 거주민 평균 소득도 체크를 하더라고요.

70년간 대세 상승했던 한국 부동산 시장에서 누구나 인정할 만한 팩트 3가지를 추려봅시다. 1) 장기 우상향하는 부동산은 손해 안 본다. 2) 인구가 늘어나는 지역의 부동산을 사야 한다. 3) 강남 부동산이 제일 좋고, 빌라나 다세대보다는 아파트가 상승률이 높다. 합리적인 사람이라면, 이 3가지 팩트에 동의할 것입니다. 우리 배당 투자자들도 부동산에서 통한 이 3가지 팩트를 그대로 주식 투자에 활용하면 돈을 벌 수 있지 않을까요?

부동산 투자 성공 요인 3가지를 주식에 대입하여 하나씩 분석해봅시다.

첫째, 장기 우상향하는 시장에 투자하라

120년 넘게 우상향하는 미국 주식과 20년간 '박스피'인 한국 주식 시장 중 어디에 투자하는 것이 맞을까요?

아래 차트를 보면 어디가 미국 시장이고 어디가 한국 시장인지 누구나 다 금방 구별합니다. 미국 시장이 120년 넘게 우상향할 때 한국 시장은 지긋지긋한 박스피를 못 벗어났고, 미국 주식이 사상 최고가를 찍을때도 여전히 코스피 지수는 3,000 이하를 헤매고 있습니다(2024년 6월 기준).

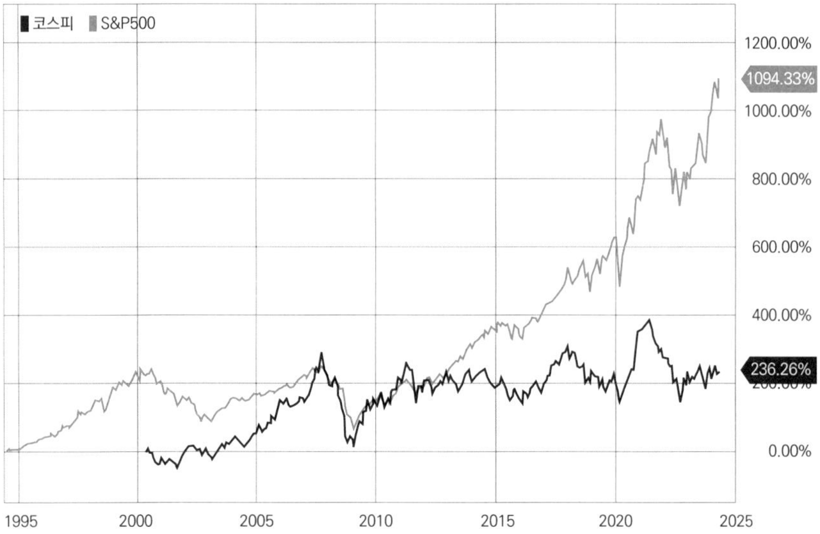

미국 S&P500과 한국 코스피 주가 비교

게다가 한국 주식 시장은 전 세계 주식 시장의 2~3% 규모로, 매우 영세한 수준입니다. 마이크로소프트 시총은 약 3조 달러(4200조 원, 24년 6월 기준)가 넘는데, 한국 코스피에 있는 기업의 시총은 전부를 다 합쳐도 2000조 원 정도로 마이크로소프트의 절반도 안 됩니다.

실적 하나만 보고 우상향하는 미국 시장에 비교해볼 때 한국 주식 시장은 전 세계 악재란 악재는 모두 반영합니다. 심지어 미국에서 기침만 해도 우리나라 주식 시장은 바다 위의 쪽배처럼 출렁거리며 투자자들에게 심한 멀미를 강요합니다.

실적도 반영 못 하면서 머나먼 나라에서 발생하는 나비의 날갯짓 하나에도 덜커덩거리는 쪽배에 올라탈지 아니면 웬만한 파도에도 흔들림 없는 항공모함을 타고 거친 바다를 항해할지 이미 답은 정해져 있습니다. 세계 주식 시장의 2~3%밖에 안 되고, 그것마저도 20년 넘게 횡보 중인 박스피와 세계 주식 시장의 50%를 차지하며 120년 넘게 우상향하는 시장, 이 둘 중 어디에 투자해야 할까요?

둘째, 인구가 늘어나는 지역에 투자하라

역시 답이 99% 정해져 있습니다. 미국은 2023년 한 해에 이민자만 300만 명이 넘게 모여들었습니다. 반면에 한국은 실제 일할 젊은 사람은 줄어들고, 빈곤한 노인 세대는 더 늘어나는 초고령 사회를 향하여 힘차게 전진 중입니다. 인구가 늘어나는 지역의 부동산에 투자해야 돈을 벌기 쉽듯, 주식도 인구가 불어나는 시장에 투자해야 합니다.

셋째, 강남 부동산에 투자하라

초등학생도 아는 부동산 승리의 투자 원칙은 시골 빌라보다 강남 부동산에 투자해야 한다는 것입니다. 그럼 주식 시장에서 무엇이 강남 부동산이고, 무엇이 시골 빌라일까요? 굳이 말하지 않아도 아시리라 생각합니다.

주식 시장에서 돈을 번 사람들은 강남 아파트 같은 *M7에 투자한 사람들입니다. 마용성의 대형 아파트 같은 미국 S&P500 지수에 꾸준하게 투자하면서 '바이 앤드 홀드' 했던 투자자들입니다.

* M7
Magnificent 7. 미국 증시 상승을 이끄는 빅테크 7개 종목(애플, 마이크로소프트, 알파벳, 아마존, 테슬라, 엔비디아, 메타)을 말한다.

장기 우상향하고 인구가 늘어나는 지역의 대장 아파트를 사서 오래 보유한 부동산 투자자가 대박을 냅니다. 똑같은 원리로 주식 투자도 장기 우상향하고 인구가 늘어나는 미국 주식 시장의 대장주를 사면 성공 확률이 높습니다. 우리가 부동산 투자하듯 주식 시장에서 종목을 골라 투자하면 누구나 성공할 수 있습니다.

**부동산에서 돈을 벌고 주식에서 돈을 잃는 이유가 있다.
집을 선택할 때는 몇 달을 투자해 공부하지만,
주식 선정은 몇 분 만에 끝내기 때문이다. - 피터 린치**

12

배당 투자자는 축구 감독처럼 전략을 세운다

히딩크 감독에게 배우는 주식 투자 전략

우리나라에서 히딩크 감독을 모르는 사람은 없을 겁니다. 이탈리아와 치른 8강전에서의 그 짜릿했던 역전승은 지금 봐도 가슴이 뛰지요. 히딩크 감독의 허를 찌르는 벌떼 공격 용병술이 압권이었습니다.

이탈리아의 빗장 수비에 막혀 1:0으로 끌려가던 후반 17분, 히딩크 감독은 수비수 김태영을 빼고 공격수 황선홍을 투입시켰습니다. 후반 20분에는 수비형 미드필더 김남일을 왼쪽 공격수 이천수로 교체했습니다. 후반 37분, 이번에는 한국 수비의 핵인 주장 홍명보를 빼고 공격수 차두리를 투입했습니다. 관중석이 웅성거리고, TV를 보던 국민들도 어리둥절했던 이 교체들은 벌떼 공격을 위한 놀라운 리밸런싱 작전이었습니다.

히딩크 감독은 지고 있는 상황을 뒤집기 위하여 공격력을 최대치로 끌어 올렸습니다. 최전방에는 황선홍, 설기현, 안정환이라는 3명의 공격수를, 좌우 양 날개에는 이천수, 차두리를 투입하여 파상 공격을 펼쳤습니다. 골키퍼 이운재와 수비 전문 최진철을 제외한 9명의 선수가 모두 공격에 나섰습니다.

히딩크 감독의 누구도 예상 못 한 공격수 보강 리밸런싱 전략은 후반 43분 설기현의 극적인 동점 골과 연장전 안정환의 골든골이라는 결과를 낳아 우리가 영원히 잊지 못할 월드컵 4강의 기적을 선물했습니다.

필자는 히딩크 감독처럼 공격할 때와 수비할 때에 따른 과감한 리밸런싱이 주식 투자, 특히 배당주 투자에서 꼭 배우고 실행해야 할 전략이라고 생각합니다.

축구는 11명의 선수를 공격진, 미드필드, 수비진에 4-4-2, 4-3-3 하는 식으로 배치하는 것을 기본으로 합니다. 이후 경기 상황과 상대의 전략에 따라 공격수를 늘리거나 수비수를 보완하지요. 전 세계 어떤 축구 팀도 11명 전원이 공격에 올인하거나 수비에 올인하지는 않습니다. 항상 공격과 방어, 그리고 공격과 방어를 이어주는 미드필드의 3개 그룹으로 나눠서 경기를 합니다. 배당 투자도 이렇게 3개 그룹으로 나누어 투자해야 장기적으로 좋은 성과를 낼 수 있습니다.

주식에서 공격수는 AI나 반도체 같은 대형 기술주로, 시장 지수를 뛰어넘는 강력한 상승 탄력을 가진 종목이라 할 수 있습니다. 미드필더는 공격과 수비가 모두가 가능하며, 공격형 미드필더와 수비형 미드필더가 있습니다. 주식 시장에서 보면 공격형 미드필더는 나스닥 지수를 추종하는 QQQ나 QQQM 같은 ETF, S&P500 지수를 추종하는 SPY, SPLG, VOO와 같은 ETF일 것입니다. SCHD와 같은 배당 성장형 ETF는 수비형 미드필더라고 볼 수 있습니다.

통신이나 제약, 헬스, 담배, 코카콜라, 월마트 같은 필수 소비재, 리츠주 같은 경기 침체에 큰 타격을 받지 않는 경기 방어주도 수비형 미드필더라고 봅니다. 이러한 경기 방어주는 고배당을 주면서도 경기 침체 시 기술주가 큰 폭으로 급락할 때 덜 하락하면서 포트폴리오의 변동성을 줄여줍니다. 꾸준하게 월 배당을 하는 JEPQ나 JEPI 같은 고배당 ETF, *알트리아, *버라이즌, *애브비, 화이자, 리얼티인컴 같은 주식도 여기에 해당할 것입니다. 마지막으로 최종 수비수(골키퍼)는 미국 채권 ETF라고 할 수 있습니다.

이러한 포트폴리오 투자 전략을 그림으로 그려보면 다음과 같습니다. 물론 이런 종목에 투자하라고 권유하는 것이 아니라, 이런 식으로 분산 투자를 해야 장기 성과에 훨씬 유리하다는 것입니다.

***알트리아**
대표적인 담배주. 온갖 규제에도 불구하고, 꾸준히 성장하고 있다. 담배 외에도 술과 마리화나(미국에서는 합법화된 주가 늘어나고 있음) 사업을 한다.

***버라이즌**
미국 1위 통신사. 경기가 나쁘다고 사람들이 통화 자체를 줄이지는 않을 것이므로 변동성이 적다. 또한 버라이즌은 매년 6%대 배당을 하는 고배당 주식이다.

***애브비, 화이자**
애브비는 세계적인 관절염 치료제를, 화이자는 코로나 백신이나 비아그라 같은 대형 히트 상품을 출시한 제약사로 애브비는 3~4%대의, 화이자는 6%대의 고배당을 한다.

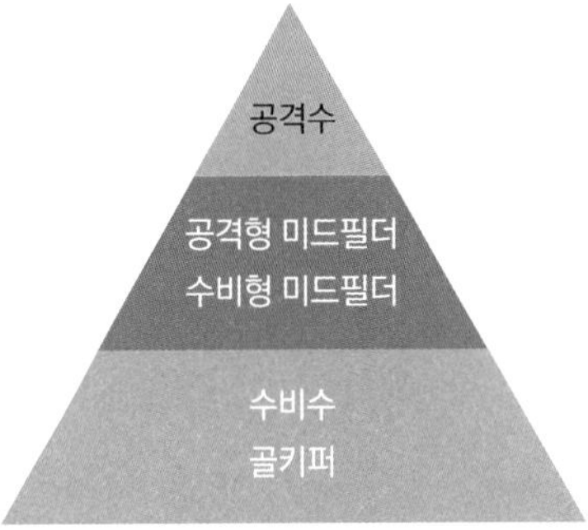

| 축구 포메이션 |

| 배당주 포트폴리오 |

배당주 투자 포트폴리오는 시대를 주도하는 성장주를 공격수로, 중심을 단단히 받쳐주는 지수 추종 ETF를 미드필더로, 경기 변동에 영향을 덜 받는 통신주와 제약주, 리츠와 채권은 수비수로 두어 짜면 됩니다. 그 이후 히딩크 감독처럼 상황에 따라 공격수 비중을 늘리거나 수비수 비중을 늘리면서 시장 상황에 유연하게 대처해야 합니다.

만약 축구 감독이 선수 전원을 수비수로만 배치한다면 득점을 못 해 이길 수 없고, 전원을 공격수로만 배치한다면 실점을 많이 해 이길 수 없을 것입니다.

주식 투자도 마찬가지입니다. 포트폴리오를 전부 경기 방어주에 올인해 짜면 상승장에서 심한 FOMO를 느낄 수밖에 없습니다. 반대로 성장주에만 투자한다면 상승장에서는 큰 수익을 내겠지만, 갑자기 찾아오는 하락장에서는 포트폴리오가 녹아내리는 공포에 팔고 도망갈지도 모릅니다.

따라서 우리 배당 투자자들은 축구 감독이 공격과 수비, 미드필더를 배치하듯 포트폴리오를 짠 뒤 상승과 하락에 맞추어 비중을 조절해야 한다는 것을 꼭 기억해야 합니다.

주식 시장이 기술주 대세 상승장이라고 판단되면 공격수인 기술주 비중을 높이고, 경기 침체로 주식 시장이 하락한다면 방어주와 채권 같은 수비수 비중을 늘리는 식으로 상황에 따라 공격을 더하거나, 수비를 강화하면 투자의 전쟁에서 이길 수 있습니다.

주식 투자자는 장군과 같은 전략을 가져야 한다

축구 감독에게는 축구장이 전쟁터이고, 선수들이 자신의 병사입니다. 축구 감독은 이 병사들을 어떤 식으로 배치하여 승리할 것인지 전략을 짜고 실행하는 사람입니다. 마찬가지로 주식 투자자는 치열한 주식 시장에 참전하는 장군입니다. 이 쩐의 전쟁에서 투자금은 나의 병사이고, 포트폴리오는 전쟁을 하기 위한 포진입니다.

우리 배당 투자자는 시합에 나가는 축구 감독이나 전쟁에 임하는 장군 같은 마음으로 항상 포트폴리오를 염두에 두고 투자에 임해야 합니다. 전쟁터에 나간 장수가 판세도 읽지 않고 아무런 대형이나 포진도 없이 무작정 나의 소중한 병사(돈)를 내보낸다면 그 전쟁은 해보나 마나일 겁니다. 주식 투자자 역시 판세(시장 상황)를 읽고 포트폴리오를 만들어 투자에 임해야 합니다.

이러한 전쟁 중에 가장 나쁜 것은 일시적으로 판세가 몰린다고 전군 철수 명령을 내리고 전쟁터를 이탈해버리는 일입니다. 우리가 포트폴리오를 리밸런싱하며 대응하는 것은 시장에서 도망치지 않고, 계속 전쟁터에 머물기 위함임을 잊지 말아야 합니다.

예시 1 포트폴리오를 특급 공격수로만 짠 경우

만약 포트폴리오를 특급 공격수인 나스닥 3배 레버리지인 TQQQ나 반도체 3배 레버리지인 SOXL로만 짜면 과연 지속적으로 투자를 할 수 있을까요? 물론 상승장에서는 몇 번이고 고득점을 올리겠지만, (누구도 예측할 수 없는) 하락장이 온다면 포트폴리오는 순식간에 산산조각이 날 겁니다. 마치 수나라가 보급도 없이 30만 대군 특공대를 조직했다가 을지문덕 장군의 청야 전술에 박살 나서 흔적 없이 녹아버린 것처럼요.

예시 2 포트폴리오를 수비수로만 짠 경우

만약 투자 포트폴리오를 최후방 수비수 역할을 하는 장기 채권 3배 레버리지 TMF에 올인한다면 어떨까요? 경기 침체가 가속화되고 금리가 뚝뚝 떨어지는 상황이라면 최후방 수비수인 TMF도 10배 상승할 수 있습니다. 그러나 경기가 좋아 금리가 계속 오르는 상황이라면 TMF는 80% 이상 하락하여 포트폴리오를 그대로 녹여버립니다.

돈이 모이게 해야지 도망가게 하면 안 된다

전쟁에 참전하는 병사들은 유능한 장군과 함께 싸우고 싶어 합니다. 장수가 유능해야 자신의 생존 확률이 높고, 승리해서 한밑천 잡을 가능성이 크기 때문입니다. 무능한 장군은 병사들을 닥달하고, 잘 먹이지도 재우지도 않고 날마다 출전을 명하여 극도로 피곤하게 만듭니다. 이런 무능하고 탐욕스러운 장수 밑에 있는 병사들은 탈영하여 도망가버립니다.

반대로 유능한 장군은 병사들을 함부로 대하지 않고, 충분히 휴식을 취하도록 합니다. 잘 먹이고 잘 재웁니다. 승리하면 전리품도 통 크게 나눠주니 병사들이 점점 더 모여들고 늘어납니다.

우리가 판세도 읽지 않고 계속 주식을 사고 파는 것은 무능한 장수가 병사들을 쉴 새 없이 전쟁터로 내모는 것과 같습니다. 돈에게 휴식을 주지 않고 사고 팔고를 반복하면, 병사들이 탈영하여 군영이 텅 비어버리듯 어느새 내 주식 계좌도 텅 빌 것입니다. 매수와 매도를 최대한 줄여 돈에게도 휴식을 주어야 합니다.

우리 배당 투자자는 전쟁에 임하는 장군처럼, 월드컵 결승전을 앞둔 축구 감독처럼 신중하게 포트폴리오를 짜 선수이자 병사인 돈을 잘 관리해야합니다. 감독이 선수에게 충분한 휴식을 주고 잘 먹이고 재우듯 돈에게도 충분한 휴식을 주어야 합니다. 우리가 이렇게 축구 감독이나 장군의 마인드로 포트폴리오를 만들어 투자를 한다면, 경제적 자유와 풍요로운 현금 흐름을 갖는 일은 그리 어렵지 않습니다.

13

배당 투자의 3가지 문제점과 해결 방법

평생 지속 가능한 투자를 위하여

배당 투자는 회사원과 자영업자, 은퇴자 등 나이와 직업에 상관없이 누구나 쉽고 편하게 할 수 있습니다. 조금씩 투자금을 늘려가면서 돈이 돈을 벌고 배당이 배당을 낳는 투자의 기쁨을 실시간으로 체험할 수 있습니다. 자신의 지식과 몸을 쓰는 노동 소득이 아닌 배당 같은 자본 소득을 늘려야 죽을 때까지 일하지 않아도 돈을 벌 수 있습니다.

그러나 막상 배당 투자를 시작하면 몇 가지 문제점이 눈에 들어오고, 이것 때문에 회의감이 들기도 합니다. 배당 투자의 문제점은 크게 3가지인데, 이 문제점과 해결 방법을 충분히 이해하면 도중에 투자를 멈추는 일은 없을 것입니다.

배당 투자의 첫 번째 문제점, FOMO

배당 투자를 처음 시작할 때는 누구나 이 주식을 평생 들고 가겠다고 생각하며 신중하게 종목을 고릅니다. 그리고 배당이 늘어나는 기쁨을 맛보다 보면 '이 맛에 투자를 하는구나' 하는 마음에 더 열심히 주식을 모으면서, 배당 투자를 찬양하게 됩니다.

그러나 주식 시장이 상승하는 데 비해 내 계좌에 있는 배당주는 주가 상승이 그렇게 빠르지 않습니다. 주변에서 엔비디아와 테슬라로 한몫 잡았다는 이야기, 친구들이 기술주나 테마주로 크게 돈을 벌었단 이야기를 들으면 마음이 흔들리게 됩니다.

남들은 2배, 3배 벌었다는데, 내 배당주의 주가는 15%밖에 상승하지 않았고 배당은 고작 5% 남짓이라는 사실을 새삼 깨닫게 됩니다. 그러면 '나는 지루한 배당주에 투자하여 이 좋은 상승장에서 소외되는구나' 하는 마음, 즉 FOMO가 찾아옵니다.

FOMO가 발동하면 그동안 달달한 배당 맛을 보여주던 주식들이 참 못나 보이고, 전에는 생각하지 못했던 종목의 단점이 눈에 들어옵니다. 이런 고리타분한 주식에 투자한 자신이 못나 보이고, 배당 투자를 비추천하는 유튜브를 보며 회의와 소외감을 느낍니다. '내가 배당 투자를 안 하는 이유', '배당 투자는 종합소득세 폭탄', '5% 배당 투자자의 후회' 같은 동영상이 갑자기 유튜브 추천 영상 목록에 부쩍 늘어날 겁니다.

이렇게 몇 번 FOMO를 느끼고 나면 이제 막 싹이 자라기 시작한 배당 나무를 갈아엎고, 거기에 다시 성장주나 테마주 나무를 심는 큰 실수를 하게 됩니다.

이러한 문제를 처음부터 피해 가는 가장 좋은 방법은 성장주와 배당주에 함께 투자하는 것입니다. 바로 전 장에서 설명드린 것처럼 공격수와 미드필더, 수비수를 잘 배치해 포트폴리오 투자를 시작하면 FOMO를 해결할 수 있습니다.

배당주와 성장주 비중은 어떻게?

배당주와 성장주의 비중에 대한 정답은 없습니다. 투자자마다 투자 성향이나 하락에 견디는 힘, 투자 자산과 기간 등이 다르므로 딱 정해진 규칙을 만들기 어렵기 때문입니다. 자신의 투자 성향에 따라 배당주와 성장주, 지수 ETF 등의 비중을 조절해야 합니다. 그러나 투자자의 나이에 따라 그 비중을 대략적으로나마 정해두면 도움이 될 겁니다.

투자 가능 기간이 길수록 성장주 비중을 크게 가져가는 것이 바람직합니다. 예를 들어 투자자가 20대라면 배당주는 20%, 성장주는 80%로 성장주 비중을 크게 가져가는 것이죠. 그러나 20대 투자자라도 투자 경험이 적고 주가 하락을 견디는 멘탈이 아직 약하다면 배당주 70%, 성장주 30%의 비율로 투자하면서 공부를 하고 경험을 쌓아 성장주 비중을 점차 높이는 것도 지혜로운 방법입니다. 30대라면 배당주 30%, 성장주 70%의 비율로, 50대라면 배당주와 성장주에 각각 50%씩 투자하면 됩니다. 50대라도 공격적인 성향이고 하락에 견디는 멘탈이 뛰어나다면 배당주 40%, 성장주 60%의 비율로 투자할 수 있을 겁니다. 반대로 50대 투자자라고 하여도 하락에 견디는 멘탈이 약하다 싶으면 배당주 70%, 성장주 30%로 투자해도 됩니다.

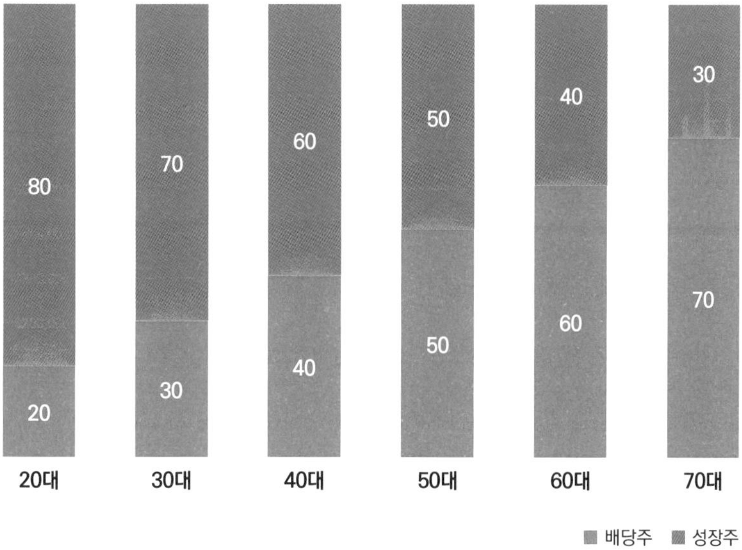

나이에 따른 성장주와 배당주 비중

성장주와 배당주의 비중은 투자자가 자신의 자금력과 멘탈 등을 고려해 정하면 됩니다. 가장 중요한 포인트는 성장과 배당을 모두 챙기는 포트폴리오를 꾸리는 것입니다. 상승장에서 FOMO를 느끼지 않고, 하락장에서 도망가지 않도록 구성하면 됩니다.

예시 평온의 투자 포트폴리오

필자는 기본적으로 성장주 35%, 배당주 65%의 비율로 투자하고 있습니다. 필자도 맨 처음에는 배당주에 올인하여 *AT&T, *JNJ, QYLD, SCHD, DIVO 같은 배당주에만 집중 투자를 하였습니다. 처음에는 배당의 달달함에 흠뻑 빠졌지만, 2021년 상승장에 FOMO가 크게 와 뭔가 잘못되었다고 느끼고 애플과 마이크로소프트를 포트폴리오에 편입했습니다. 필자의 나이에 비하면 배당주의 비율이 높습니다만, 엔비디아와 테슬라가 70%씩 하락하고 애플과 마이크로소프트가 20% 이상 하락했던 2022년에도 배당주 덕분에 그 하락이 그리 아프게 느껴지지 않더군요. 이후로 배당주가 하락장에서 방패와 갑옷 역할을 한다는 사실을 깨닫고 더욱 열심히 투자를 하는 중입니다.

*AT&T
미국 2위 통신 기업으로, 연금보다 더 좋은 배당주란 찬사를 받은 기업이다. 그러나 2021년 기업 분사와 배당컷 등으로 시장의 신뢰를 잃기도 했다.

*JNJ
존슨앤드존스. 제약, 의료 기기, 생활 필수품 등을 판매하는 기업으로, 50년 넘게 배당을 계속해 온 대표적인 배당 킹 주식이다. 존슨앤드존스, 애플, 마이크로소프트는 미국 정부와 동등한 신용 등급을 가지고 있다.

필자는 미국 주식 경험과 공부를 통해 성장주 투자도 늘리고 있습니다. 2023년에는 구글과 테슬라, 2024년에는 아마존과 TSMC 등을 추가하였고, 삼성전자 우선주도 매수하였습니다. 2024년 8월 5일 패닉 셀을 기회로, 미국 반도체 3배 레버리지인 SOXL을 아주 소량 신규 편입하였습니다. 처음부터 성장주의 비율을 정해 투자하지 않아도 운 좋게 상승장을 만나면 성장주의 비중이 빠르게 올라가는 기쁨을 누릴 수 있습니다.

필자는 매도가 아닌 추가 매수로 비중을 조절합니다. 즉 성장주 주가가 많이 상승했다고 해서 성장주를 매도하지 않고 그 대신 배당주를 추가 매수하여 비중을 높이는 것입니다. 필자의 투자 목표는 4% 이상의 배당을 받으면서 S&P500의 수익률을 이기는 것입니다. 현재까지는 앞서거니 뒤서거니 하면서 S&P500을 이겨나가고 있습니다.

현재 필자의 포트폴리오를 기술주(성장주)와 배당주, 채권으로 분류하면 다음과 같습니다(2024년 8월 기준).

기술주	· 마이크로소프트, 애플, 알파벳A, 테슬라, 아마존 · TSMC, 삼성전자우선주, SOXL
국장배당	· 현대차2B, SK텔레콤, TIGER 미국배당+7% · TIGER 나스닥100+15%, TIGER 은행고배당플러스
미장배당	· 아이언마운틴, 화이자, 버라이즌, 리얼티인컴 · SCHD, DIVO, JEPI, BST, JEPQ
채권	· TMF, TLT, ACE 미국30년국채액티브(H) · RISE 미국30년국채엔화노출, 비트코인

종목별 비중은 다음과 같습니다.

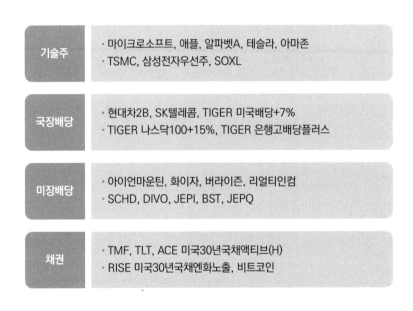

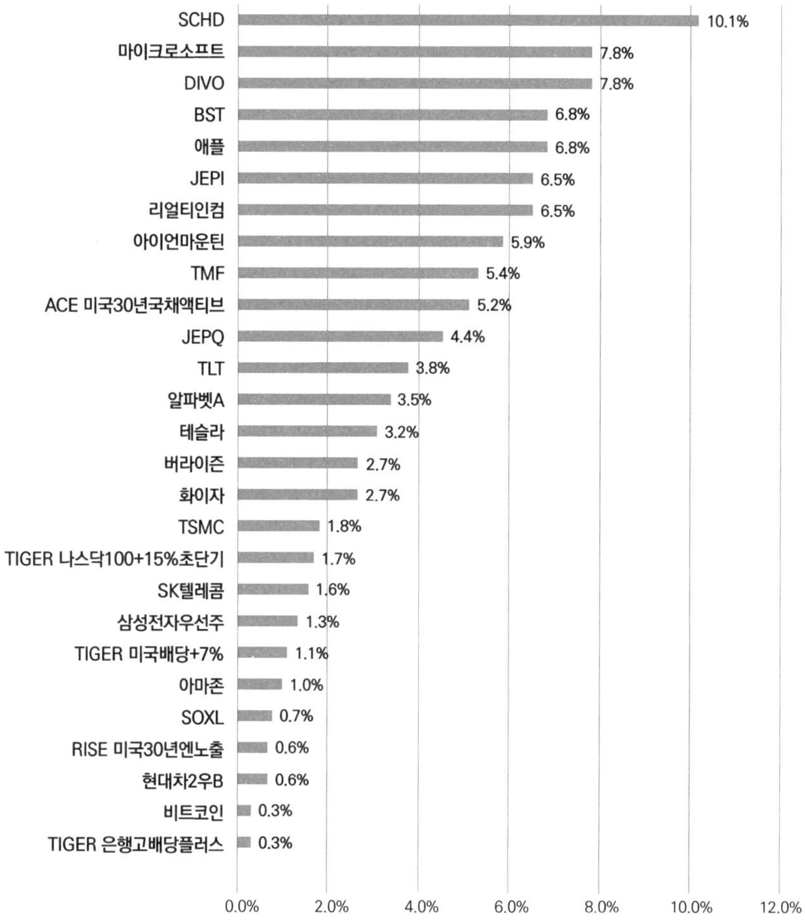

평온의 배당주 포트폴리오

배당 투자의 두 번째 문제점, 배당컷

배당 투자를 계속하다 보면 주가 하락은 그렇게 무섭지 않습니다. 예수금이 충분할 때는 은근히 주가 하락을 기다리며 더 싸게 살 수 있기를 바라기도 합니다. 오히려 주가가 오르면 다음에 더 비싸게 사야 한다는 생각이 드는 등 주가 상승과 하락에 대한 민감도나 예민함이 확실히 줄어듭니다.

반면에 배당 투자자들은 배당컷을 아주 싫어합니다. 필자 경험상 인사 고과 'C'를 받아 성과금이 줄어드는 듯한 충격이더라고요. 마치 월급이 깎인 듯한 쓰라린 기분이 듭니다. 이런 충격 때문인지 배당 투자자들은 배당컷을 맞으면 배신당한 느낌으로 매도를 하는 경우가 많습니다.

배당컷은 어떻게 피할 수 있을까?

배당컷을 피하기 위해 우리가 할 수 있는 방법은 배당컷 가능성이 적은 좋은 배당주를 고르는 것입니다. 투자한 회사의 매출과 영업이익, 순이익이 늘어나는데 배당을 줄일 CEO는 없기 때문입니다.

배당컷 가능성이 적은 주식을 고르려면 투자 전에 최소 3가지는 꼭 체크해야 합니다.

1) 최소 3년 이상 매출액과 영업이익, 순이익이 꾸준히 증가했는가?
2) 부채율이 100% 이하인가?(150% 이상이면 가능한 한 피하자.)
3) 배당률이 10% 이상으로 지나치게 높거나, 배당 성향이 80% 이상이지는 않은가?

고배당주라고 무작정 투자하면, 배당컷 위험이 커집니다. 안정적으로 돈(영업이익과 순이익)을 잘 벌고 있는 기업에 투자하는 것이 배당컷을 피하는 기술입니다. 최소 3년 이상 매출과 영업이익, 순이익이 증가했는지를 핵심 기준으로 삼아야 합니다.

또한 배당 성향이 80% 이상으로 지나치게 높은 기업 역시 피해야 합니다. 배당 성향이란 순이익의 몇 퍼센트를 배당으로 주느냐를 보는 지표인데, 배당 성향이 80%란 의미는 번 돈의 80%를 주주에게 배당한다는 뜻입니다. 배당을 많이 주면 좋은 것 아니냐고 반문할 수 있지만, 번 돈의 80% 이상을 배당한다는 것은 기업이 미래의 성장성을 포기했거나 투자할 만한 곳을 못 찾았다는 의미일 수 있습니다. 당장 배당금이 올라가는 것도 좋지만 미래의 배당을 당겨 쓰면 나중에 배당금을 줄일 가능성이 높아집니다. 우리는 평생 배당받을 주식에 투자해야 하기 때문에, 미래의 성장성까지 당겨와 배당을 주는 기업은 투자 대상에서 제외해야 합니다.

안정적인 배당 성향은 40~50% 정도입니다. 배당 성향이 25% 이하면 배당을 적게 하는 것이고, 80%가 넘어가면 지나치게 후한 것입니다. 길고 오래가기 위해서는 번 돈의 40~50%를 배당으로 돌려주는 회사가 무난합니다. 기술주 중에서도 애플과 마이크로소프트, 알파벳(구글)은 배당을 하며, 애플의 배당 성향은 15%, 마이크로소프트의 배당 성향은 25% 정도입니다.

AT&T가 보여주는 배당컷의 위험성

필자가 처음 투자한 미국 배당주가 AT&T였습니다. 미국과 한국 배당 투자 유튜버들이 1순위로 추천하는, '연금보다 더 믿을 만한 고배당주'였습니다. 망할 우려가 없는 통신주인 데다가 8% 이상의 고배당률, 그리고 36년 연속 배당 증가를 자랑하던 배당 귀족주인지라 투자를 안 하는 게 어리석을 정도로 보였지요. 그래서 포트폴리오 비중 1위로 가장 많이 투자했습니다.

그러나 AT&T는 부채율이 매우 높았고 지나친 인수 합병으로 인해 현금 흐름에 문제가 있었는데, 이 부분을 체크하지 못했다가 배당컷을 당했습니다.

그 이후에는 실망스러워 전량 손절하고 빠져나왔습니다. AT&T는 그 이후 3년이 지났는데도 주가를 회복하지 못하면서 배당컷의 위험을 생생하게 보여주고 있습니다.

부채와 현금 흐름을 잘 살펴야 한다는 교훈을 준, 배당주 첫 손절 사례라 기억에 오래 남습니다.

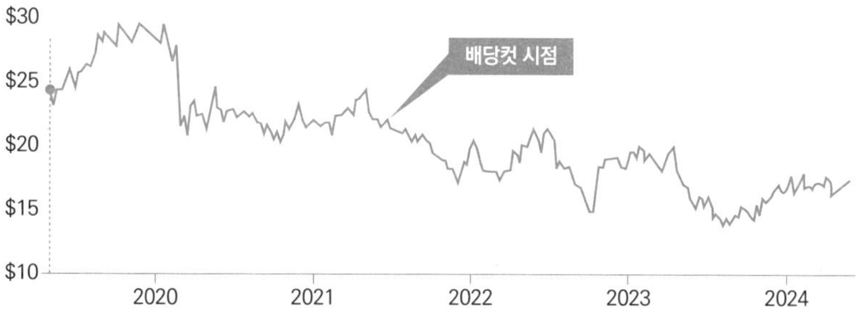

2021년 5월 배당컷 발표 후 아직도 주가 회복 못 하는 AT&T

배당 투자의 세 번째 문제점, 원천 징수 세금

배당 투자의 가장 큰 목적이 배당금인데, 아이러니하게도 배당금이야말로 배당 투자의 복리 효과를 방해하는 원인이기도 합니다. 아니, 왜 배당금이 복리 효과를 방해하냐고요? 바로 원천 징수되는 세금 때문입니다. 즉 배당금을 받을 때, 국가는 배당금을 소득으로 보고 세금을 원천 징수한 후에 남은 돈을 줍니다.

예를 들어 주당 10만 원인 주식의 배당률이 10%라면 배당금이 1만 원인데, 실제로는 세금 1,500원을 뺀 8,500원을 받습니다. 배당금을 재투자해도 세금인 15%분만큼은 복리 효과를 누릴 수 없기 때문에 세금이야말로 배당 투자의 큰 문제입니다.

이러한 세금과 세금으로 인한 복리 효과 감소 때문에 워런 버핏은 배당을 싫어하며, 버크셔 헤서웨이는 배당을 하지 않습니다. 버핏은 배당세 때문에 배당보다는 자사주 매입이 더 효과적인 주주 환원 정책이라고 주장합니다. 배당 투자로 장투하면 오히려 손해라는 주장도 바로 세금 때문입니다. 원천세 15% 말고도 배당금이 2000만 원을 넘으면 종합소득세가 부과되기 때문입니다. 일종의 이중 과세를 두들겨 맞는 셈입니다.

물론 워런 버핏의 말에는 일리가 있습니다. 하지만 매우 모순적인 게, 워런 버핏이 투자한 거의 모든 종목은 배당을 합니다. 즉 버핏이 운영하는 버크셔 헤서웨이는 배당을 하지 않지만, 버크셔 헤서웨이가 투자한 거의 모든 주식은 배당을 하고 있습니다.

배당금에 붙는 세율은 우리나라가 15.4%(지방소득세 포함)이고 미국이 15%입니다. 미국 주식은 미국 정부가 원천 징수해서 가져가고, 한국 주식은 한국 정부가 원천 징수해서 가져갑니다. 한국과 미국은 이중 과세 방지 협약을 맺어, 미국 배당주에서 받는 배당금은 이미 미국에 원천 징수하고 받는 금액이기에 한국에 다시 납부할 필요는 없습니다(종합소득세 신고 시 해외 납부 세액 명세표를 제출하면 됨).

배당세는 어떻게 줄일 수 있을까?

배당에 붙는 세금은 한국이나 미국 모두 원천 징수하기 때문에, 현실적인 절세 방법은 2가지입니다.

첫 번째는 ISA와 IRP 계좌를 활용하는 것입니다. 여기에서 나오는 배당금은 일정 부분 비과세가 되고, 비과세 한도를 넘는 소득에 대해서는 분리 과세(종합소득세에 포함되지 않음)를 하기 때문에 종합소득세를 줄이는 데도 도움이 됩니다. 나이가 젊은 경우에는 ISA에 600만 원을 투자하고, 남는 돈은 IRP 계좌를 이용해 배당 투자를 하는 것이죠. 단 IRP 계좌에 납입한 금액은 55세 이후에 찾을 수 있고 중간에 해지할 경우에는 그동안 받은 세액 공제 금액을 전부 반환해야 하기 때문에 50세가 넘어서 본격적으로 활용하는 것이 좋습니다.

정리하면 ISA와 IRP 계좌로 고배당주 투자를 하여 배당 투자 효과를 높이고, 일반 계좌로 배당을 적게 주는 미국 성장주에 투자하면 세금을 줄일 수 있습니다.

두 번째는 부부가 함께 배당 투자하는 것입니다.

종합소득세는 배당금이 2000만 원 이상일 때 발생합니다. 즉 부부 합산 4000만 원까지는 종합소득세와 건강 보험료가 추가로 붙지 않습니다. 따라서 한 사람의 계좌로 주식을 운용하는 것보다 부부 각자가 ISA와 IRP 계좌로 배당 투자를 하고 일반 계좌로는 미국이나 한국의 성장주에 투자하는 것이 좋습니다.

또한 부부가 같은 종목에 투자하지 않고 서로 다른 종목에 분산 투자하면 리스크도 줄일 수 있습니다. 예를 들어 남편은 마이크로소프트와 애플을 매수하고 부인은 엔디비아와 테슬라를 매수하거나, 남편은 나스닥 지수 ETF를 매수하고 부인은 S&P500 지수 ETF를 매수하는 것입니다.

14

배당 성장주와 고배당주 중 무엇에 투자할까?

배당 성장주와 고배당주, 무엇을 고를 것인가?

"배당을 8% 주는 고배당주인데 투자해도 될까요?"

"고배당주는 위험하다는데 투자해도 될까요?"

"마이크로소프트는 배당을 0.8%밖에 하지 않는데 투자해도 될까요?"

모두 배당 투자자들이 자주 하는 질문입니다.

고배당주가 좋으냐, 배당 성장주가 좋으냐라는 질문에 딱 맞아떨어지는 답은 없습니다. 투자자마다 처한 입장이 다르기 때문입니다. 당장 은퇴를 앞두고 현금 흐름이 절실한 투자자와 투자할 기간이 많이 남은 20대 투자자는 서로 상황이 다르기에 둘 중 어느 하나가 좋다는 답은 틀릴 수밖에 없습니다. 그럼에도 일단 독자분들께 질문을 하나 해보려고 합니다.

첫 번째로, 3% 배당을 주는 주식과 10% 배당을 주는 주식 중 무엇에 투자하시겠습니까? 이 질문은 쉬워서 누구나 10% 배당을 주는 종목을 택할 것입니다.

두 번째로, 3% 배당을 주면서 매년 배당을 10%씩 올려주는 종목과 10% 고배당을 주면서 매년 1%씩 배당을 올려주는 종목 중 무엇에 투자하시겠습니까? 이 질문은 조금 어려워서 바로 답하기가 곤란하실 겁니다. 이에 대해 상세하게 알아봅시다.

SCHD는 서학 개미가 가장 사랑하는 배당 성장 ETF입니다. 세계적인 운용사 찰스 슈와브에서 운영하며, 배당률은 3.5% 전후이고 지난 10년간 연평균 11%씩 배당을 늘려왔습니다. 투자하는 종목도 10년 이상 배당을 계속해온 대형 배당주 위주입니다.

반면 JEPI는 배당률이 8% 이상인 월 배당 ETF로, 세계 1위 종합 금융 기업인 JP모건에서 운영하며 S&P500 지수를 추종하는 커버드 콜 ETF입니다. JEPQ 역시 JP모건에서 운영하는 고배당 ETF로, 나스닥100 지수를 추종하는 커버드 콜 ETF입니다.

고배당주와 배당 성장주 중 어디에 투자하면 좋은지에 대한 예시로 SCHD와 JEPI에 장기 투자한 결과, SCHD와 JEPQ에 장기 투자한 결과를 비교해보겠습니다.

예시 1 SCHD와 JEPI 투자 결과 비교

SCHD와 JEPI의 30년 배당 투자 결과를 계산하기 위하여, 아래와 같은 조건식을 만들었습니다. 현재의 SCHD와 JEPI보다 배당률과 배당 성장률, 주가 상승률을 모두 보수적으로 잡았습니다.

조건은 SCHD와 JEPI에 매월 500달러를 투자하고, 배당금을 재투자하는 것입니다.

| SCHD와 JEPI 배당 투자 비교 조건 |

	SCHD	JEPI
초기	1,000달러	1,000달러
매월	500달러	500달러
현재 주가	80달러	53달러
주가 상승률	8%	4%
배당률	3.3%	7.5%
배당 성장률	8%	2%

매월 500달러를 SCHD와 JEPI에 투자하면, 30년 차에 SCHD의 총액은 약 123만 달러가 되고, JEPI는 약 80만 달러가 됩니다. 주가 상승분 일부를 배당으로 주는 고배당 커버드 콜 ETF인 JEPI는 시간이 갈수록 SCHD보다 낮은 투자 성과를 보입니다.

그러나 30년간의 배당 총액은 JEPI가 많습니다. 30년 동안 SCHD는 29만 달러를 배당으로 지급하고 JEPI는 34만 달러를 지급해 배당금 총액은 JEPI가 5만 달러나 더 많습니다.

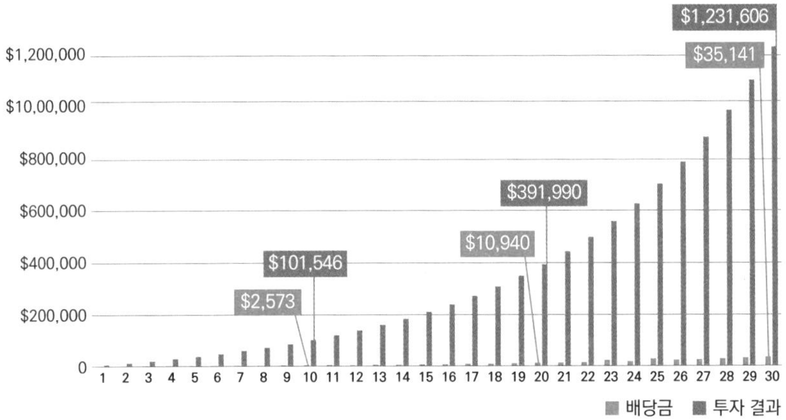

SCHD 매월 500달러 30년 투자 결과

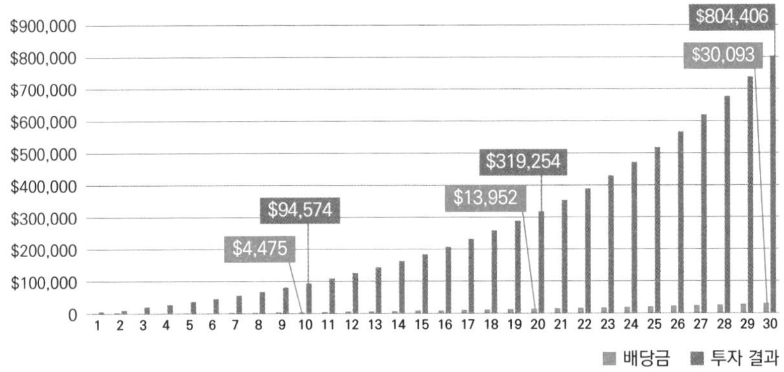

JEPI 매월 500달러 30년 투자 결과

따라서 배당 측면에서만 보면 고배당 JEPI도 나쁘지 않습니다. JEPI의 배당금을 SCHD가 역전하려면 무려 27년이 걸립니다. 즉 27년 차가 되어야 SCHD의 연 배당금 2만 5,000달러, JEPI의 연 배당금 2만 4,000달러로 SCHD의 배당금이 많아집니다.

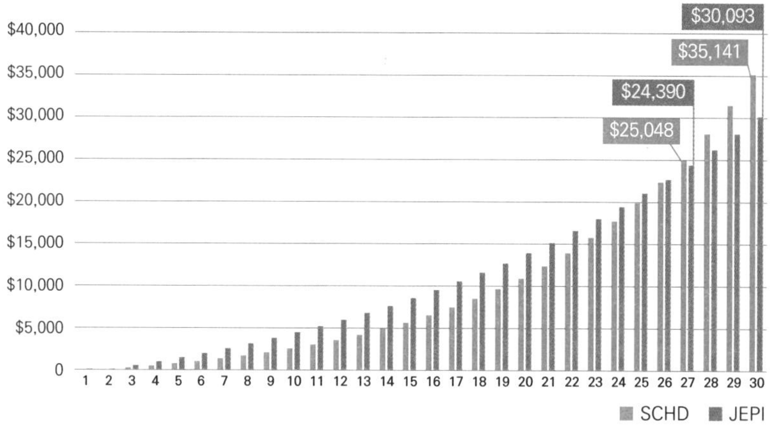

SCHD와 JEPI 배당금 비교

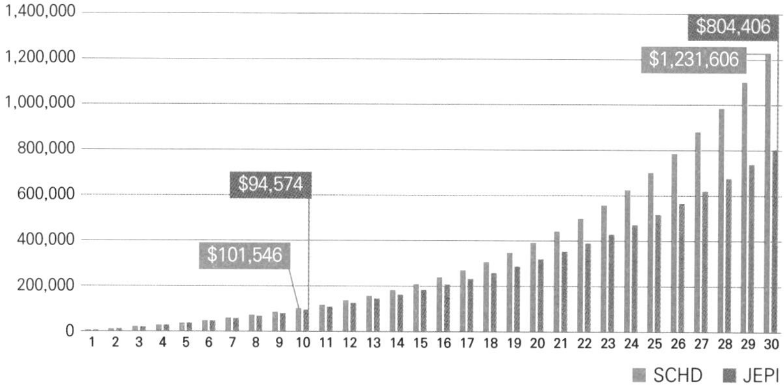

SCHD와 JEPI 투자 총액 비교

즉 JEPI와 SCHD에 매월 500달러를 투자한다면, 현금 흐름 차원에서는 JEPI가 좋고, 장기 투자로 본다면 SCHD가 훨씬 좋습니다.

따라서 60세 이후에 현금 흐름이 필요한 40대 이상 투자자라면 고배당이고 매월 배당하는 JEPI도 좋은 투자처입니다. 반면 투자 기간이 충분하고 당장 현금 흐름을 만들 필요가 없는 40대 이전의 젊은 투자자라면 고배당주 JEPI보다는 SCHD 투자가 더 좋을 수 있습니다.

예시 2 SCHD와 JEPQ 투자 결과 비교

나스닥100을 추종하며 커버드 콜을 사용해 10% 가까운 배당률로 월 배당을 하는 JEPQ를 SCHD와 비교해보겠습니다. 투자 조건은 500달러로 같은데, 다양한 수치를 보여드리기 위해 SCHD의 조건은 좀 더 보수적으로 잡았습니다. JEPI와 비교할 때는 성장률을 8%로 잡았지만 이번에는 6%로 잡고, 배당률 역시 3%로 더 낮게 잡았습니다.

SCHD와 JEPQ 배당 투자 비교 조건

	SCHD	JEPQ
초기	1,000달러	1,000달러
매월	500달러	500달러
현재 주가	80달러	54달러
주가 상승률	6%	8%
배당률	3%	7%
배당 성장률	6%	2%

매월 500달러씩 투자하면, SCHD는 30년 차에 총액 약 80만 달러, JEPQ는 약 112만 달러로 고배당인 JEPQ의 투자 성과가 훨씬 좋습니다.

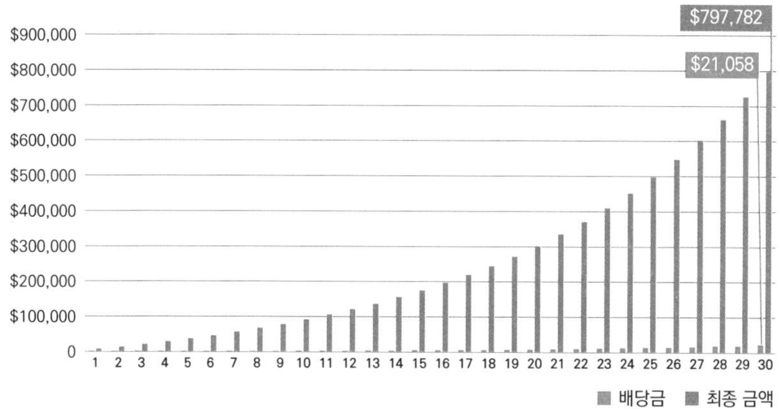

SCHD 매월 500달러 30년 투자 결과

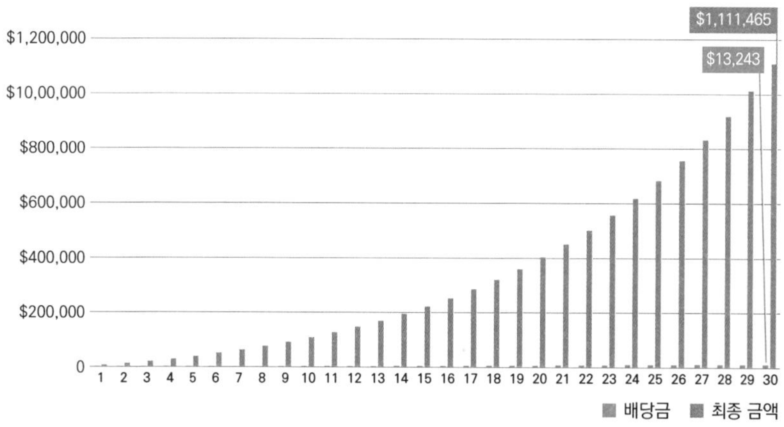

JEPQ 매월 500달러 30년 투자 결과

배당금만을 비교하면 SCHD의 총 배당금은 19만 9,000달러, JEPQ는 18만 5,000달러로, SCHD의 배당금 총액이 JEPQ보다 많습니다. SCHD가 JEPQ 배당을 역전하는 것은 JEPI보다 5년 빠른 22년 차입니다(앞에서 JEPI 배당률은 7.5%였다는 것을 참고).

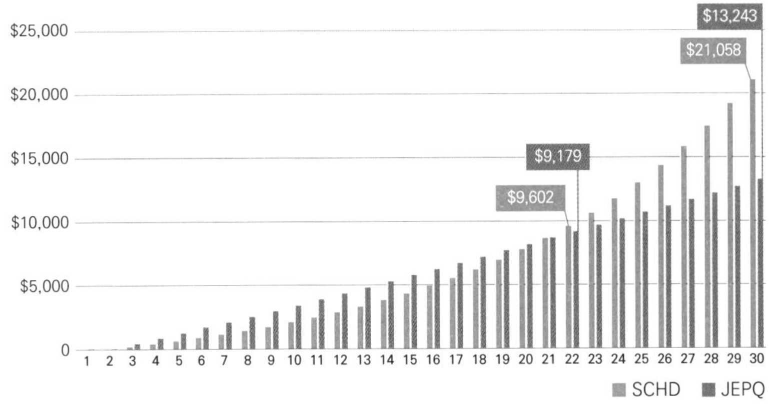

SCHD와 JEPQ 배당금 비교

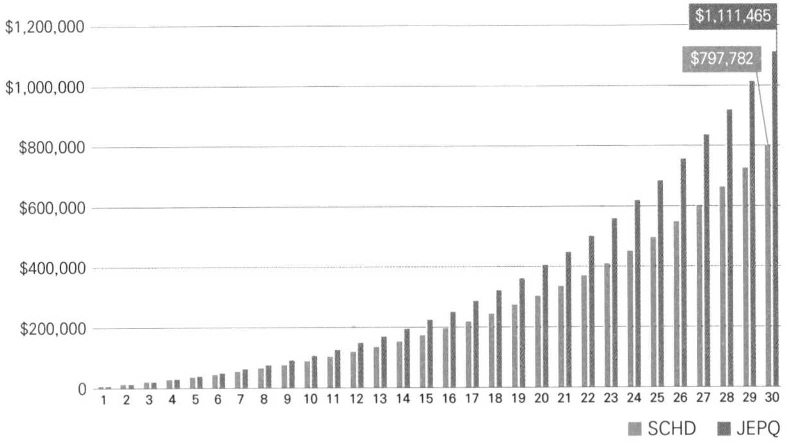

SCHD와 JEPQ 투자 총액 비교

정리하면, 장기적으로 보면 나스닥을 추종하는 고배당 ETF인 JEPQ가 SCHD보다 투자 성과가 좋습니다. 반면에 S&P500을 추종하는 고배당 JEPI보다는 SCHD의 투자 성과가 좋습니다(물론 2가지 경우에 SCHD의 조건을 다르게 설정했다는 점을 잊지 말아야 합니다).

필자의 요지는 배당 성장 ETF인 SCHD가 무조건 좋지는 않다는 것입니다. 배당 성장주가 좋다거나 고배당주가 나쁘다는 식의 단편적인 판단은 삼가고 처한 입장에 따라 자신에게 맞는 배당 ETF에 투자해야 합니다.

예를 들어 정년이 15년 이내로 남은 투자자라면 JEPI와 JEPQ가 좋은 선택지일 수 있습니다. 은퇴를 앞둔 투자자가 무리하게 SCHD에만 투자한다면 3.5%의 배당률을 유지하면서 매년 8%씩 배당을 올려준다고 해도, 15년 후 은퇴했을 때 만족스러운 현금 흐름이 생기지 않을 수 있기 때문입니다.

3.5%라는 수치 자체가 높지 않기 때문에 지금 당장 8~9%의 배당을 주는 고배당주의 현금 흐름을 따라잡을 수 없습니다.

반대로 투자 기간이 25년 이상 남은 투자자라면, 당연히 배당 성장률이 높은 SCHD 투자가 유리합니다. 투자한 지 25년이 넘어가면 8% 이상의 배당 성장률에 대한 복리가 급증하여 배당이 폭발적으로 늘어나기 때문입니다.

따라서 합리적인 배당 투자자라면 고배당주와 배당 성장주 하나에 올인하기보다는 투자 가능 금액과 기간, 필요한 현금 흐름 등을 고려하여 적절한 비중으로 분산 투자하는 것이 좋습니다.

예를 들면 30대 투자자라면 SCHD 80%, JEPQ 20%의 비율로, 혹은 SCHD 90%, JEPQ 10%의 비율로 투자하는 것입니다. 반면 50대 이후 투자자라면 JEPQ나 JEPI에 70%, SCHD에 30% 같은 비율로 현금 흐름을 만드는 것이 좋습니다.

결론적으로 자신의 투자 성향이나 금액과 기간, 은퇴 후 필요한 현금 흐름 등을 종합적으로 고려하여 적절한 비중으로 투자한다면, 현금 흐름과 배당 성장 모두를 잡을 수 있습니다.

15

진짜 복리 효과는 배당 재투자에서 나온다

배당 투자의 진정한 가치는 하락장에서

배당 투자 역시 항상 좋을 수는 없습니다. 특히 2023년과 2024년처럼 AI 열풍이 불어 엔비디아, 마이크로소프트 같은 AI 대장주와 하이닉스와 한미 반도체 같은 반도체주가 대세 상승할 때는 심한 박탈감을 느낄 수밖에 없습니다.

그러나 배당 투자의 진정한 가치는 하락장에서 나타납니다. 2022년에 나스닥이 33% 이상 폭락하는 와중에도 배당주들은 하락장을 잘 버텨냈습니다. 과거 역사적인 하락장에서도 배당주들은 하락을 이겨냈습니다. 아래 표는 2000년 닷컴 버블 붕괴, 2008년 세계 금융 위기, 2020년 팬데믹 급락 시기의 배당주와 S&P500 지수를 비교한 것입니다.

하락장에서의 배당주와 S&P500 지수 비교

하락시기	S&P500 지수	S&P500 배당귀족주	S&P500 고배당귀족주	다우존스배당 100(SCHD)	다우존스 배당
2000.9.1~ 2002.10.9	-47.7%	4.7%	15.5%	7.8%	6.8%
2007.10.9~ 2009.3.9.	-55.3%	-47.2%	-52.9%	-48.6%	-60.3%
2020.2.19~ 2020.3.24	-33.8%	-35.2%	-36.2%	-32.6%	-40.6%

* 출처: ANCHOR Capital, 「The Power of Dividends and Their Compounding Effect」

S&P500 배당 귀족주와 다우존스배당100(SCHD가 추종하는 지수)은 2000년 닷컴 버블 붕괴 당시 S&P500 지수가 47% 하락할 때도 각각 4.7%, 7.8% 성장하는 놀라운 방어력을 보였습니다. 2008년 전 세계에 몰아닥친 미국 파산의 위기 속에서도 배당주는 대부분 S&P500 지수를 이겼습니다. 특히 다우존스배당100은 3차례 하락 시기에서 S&P500 지수보다 훨씬 좋은 성과를 냈습니다.

한국 투자자가 사랑하는 배당 ETF인 SCHD와 DIVO의 하락장 성과를 다시 한번 확인해봅시다.

2021년 11월부터 2022년 10월까지 미국 주식 시장이 하락할 때, S&P500 지수는 16.1% 하락했습니다. 반면 SCHD는 4.9% 하락, DIVO는 4.4% 하락하여 놀라운 방어력을 보였습니다. 배당을 포함한 토털 리턴으로 보면 그 차이는 더욱 커집니다.

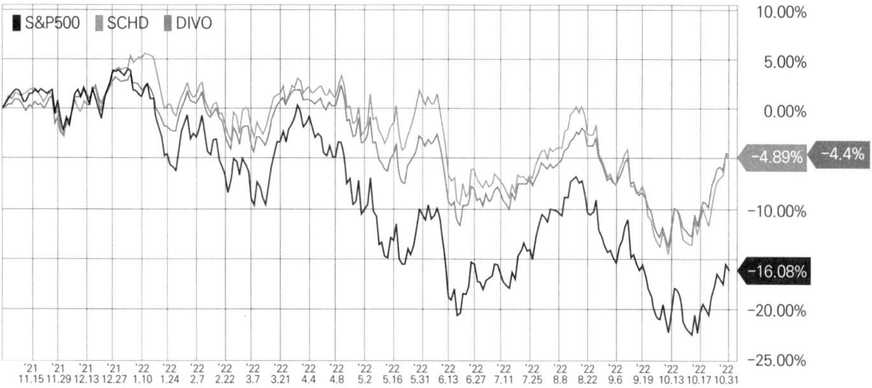

미국 주식 시장 하락시 SCHD, DIVO, S&P500

배당 재투자는 배당 투자의 꽃

배당 투자가 장기적으로 놀라운 효과를 내는 것은 배당 재투자 효과 때문입니다. 앵커 캐피털(ANCHOR Capital)에서 발표한 「배당과 배당 복리 효과(The Power of Dividends and Their Compounding Effect)」란 보고서에 따르면, 2000년에 100달러를 S&P500에 투자하고 모든 배당을 재투자했다면 2020년에는 투자 총액이 353달러가 됩니다. 반면 배당 재투자를 하지 않는다면 239달러입니다. 배당 재투자를 통해 48% 더 높은 수익을 얻은 것입니다.

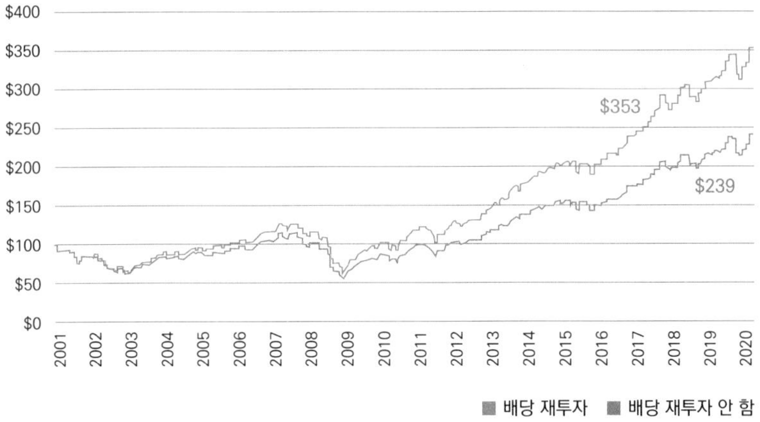

S&P500으로 본 배당 재투자 효과

다우존스배당100 지수를 추종하는 SCHD ETF를 통해 배당 재투자의 복리 효과를 좀 더 구체적으로 확인해보겠습니다. 매달 SCHD에 300달러씩을 투자하고 배당률 3.5%, 배당 성장률 8%, 주가 상승률 6%의 보수적인 조건을 둔 채 배당을 재투자한 경우와 하지 않는 경우를 비교해봅시다.

배당금을 재투자한 경우에는 최종 투자금이 약 67만 5,000달러이고, 배당 재투자를 안 한 경우에는 약 29만 달러입니다. 30년간 받는 총 배당금도 배당 재투자를 한 경우에는 약 25만 8,000달러, 재투자를 안 한 경우에는 약 15만 3,000달러로 그 차이가 매우 큽니다.

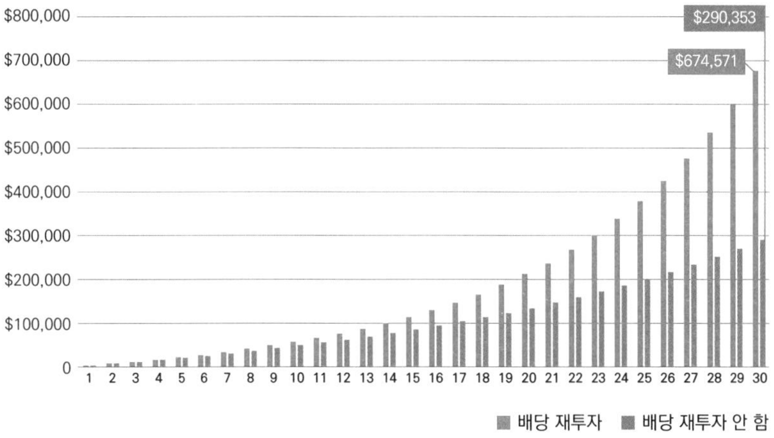

SCHD로 본 배당 재투자 효과

매달 300달러씩으로 투자 원금은 같지만, 배당 재투자를 한 경우와 재투자를 안 한 경우 최종 수익금은 2.4배 차이가 납니다.

배당 재투자는 시간의 복리 효과를 기하급수적으로 늘려줍니다. 배당 재투자의 효과는 투자 기간이 10년을 넘으면 확실하게 나타납니다. 25년이 지나면 그 차이는 더욱 커지고, 30년이 경과하면 복리 효과로 그 격차가 매년 압도적으로 벌어집니다.

기술주가 주도하는 상승장에서는 배당 투자의 수익률이 떨어질 수 있지만, 수많은 하락장에서 덜 하락하며 그 차이를 극복합니다. 배당주 투자가 강력한 이유는 바로 하락장에서의 단단한 방어력 때문입니다. 한 해 50% 상승하고 다음 해에 40% 하락하여 결과적으로 10% 상승하는 것보다, 매년 5%씩 상승하는 것이 효과적입니다. 따라서 진정한 복리 효과는 배당주 투자로 얻을 수 있습니다.

모든 투자는 평균에 회귀하므로, 기술주보다 편차가 적은 배당주 투자가 장기적으로 봤을 때 더 좋은 성과를 냅니다.

배당 투자자에게 하락장은 기회이고, 복리 효과는 하락장에서 더 빛을 발합니다. 배당 투자의 진짜 복리 효과는 배당 재투자임을 꼭 기억하고 실행하여야 합니다.

16

얼마를 모아야 복리 효과를 실감할까?

월 배당 50만 원이라는 분기점

"배당 투자를 하는데 너무 재미가 없어요. 어떻게 하면 지루하지 않게 투자할 수 있을까요?"

위와 같은 질문을 많이 받습니다. 모 유튜브 채널에 출연했을 때도 똑같은 질문을 받았습니다. 도대체 얼마를 모으면 배당 투자 효과를 실감하고 돈이 돈을 버는 재미를 본격적으로 체험할 수 있을까요?

물론 투자자마다 다르겠지만 필자의 경험을 이야기해보겠습니다. 필자가 배당 투자에 확신을 갖고 재미를 느끼게 된 것은 월 배당금이 50만 원을 넘기기 시작하면서부터입니다. 2021년 중순 무렵인데, 월 배당 50만 원 돌파 포스팅을 올릴 정도로 스스로가 대견했던 것 같습니다. 그 무렵 투자 원금은 1억 원을 넘었습니다. 투자금 1억 원 정도로 6% 이상의 배당주에 투자하면 연 배당 600만 원, 월 평균 50만 원의 배당금을 받는 일이 재미진 현실이 됩니다.

미국 주식에는 비아그라와 코로나 백신을 개발한 150년이 넘는 제약 회사 화이자, 미국 1위 통신 회사 버라이즌, 29년 이상 배당을 늘려온 소매 리츠 기업 리얼티인컴 등 안정성을 갖추었으면서도 6% 넘는 배당을 주는 종목이 참 많습니다. ETF도 많은데, JP모건에서 운영하는 커버드 콜 고배당 ETF인 JEPI와 JEPQ는 7~9%의 배당을 줍니다.

월 배당 50만 원을 받을 정도가 되면 배당 재투자의 복리 효과가 본격적으로 시작됩니다. 배당금이 배당금을 재생산하기 때문입니다. 배당금 600만 원에서 다시 6%의 배당을 받는다 하면 1년에 36만 원, 즉 매월 3만 원의 배당이 증가합니다.

투자금 1억 원이 만들어지면 1년 후에는 600만 원의 비노동 소득이 만들어지고, 다시 그 600만 원이 연 36만 원, 즉 매월 3만씩 스스로 돈을 만들어내기 시작합니다. 1억 원이 1년 후에는 1억 603만 원이 됩니다. 2년 후에는 1억 1236만 원이 됩니다. 배당 투자금이 1억 원을 넘는 순간부터 배당이 배당을 낳고 돈이 돈을 버는 복리의 배당머신이 세팅됩니다. 2년 후에는 배당금만 1200만 원이 넘고, 이 1200만 원이 다시 72만 원의 배당금을 생산합니다. 또한 배당금의 손자인 72만 원은 다시 4만 3000원의 배당을 생산합니다. 기업체에서는 매년 조금씩이라도 배당금을 올려주고 배당은 다시 배당을 낳으니 해가 갈수록 돈이 늘어납니다. 이렇게 우리가 배당머신이란 현금 복사기를 만들면, 이 머신은 우리에게 마르지 않는 샘물처럼 매년, 매 분기마다 현금을 증식시켜줍니다.

왜 1억이 중요한지 SCHD로 다시 한번 확인해봅시다. 계산의 편의를 위해 10만 달러를 SCHD에 투자한 후 추가 투자하지 않고 배당만 재투자하는 것으로 시뮬레이션했습니다.

조건은 보수적으로 배당률 3.5%, 주가 연평균 성장률 6%, 배당 성장률 8%로 잡았습니다.

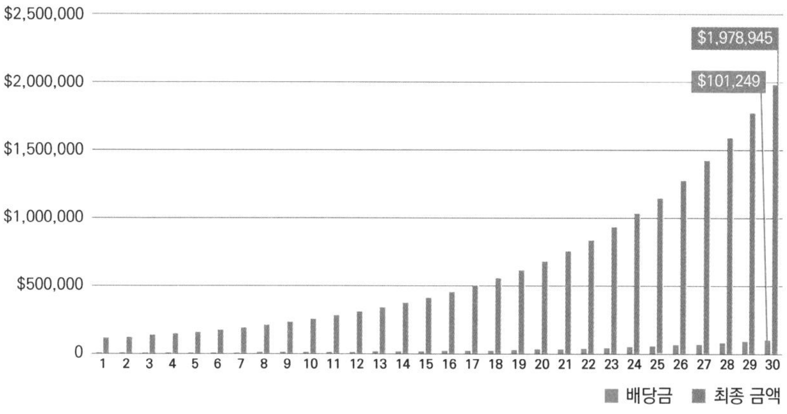

‖ SCHD에 10만 달러 투자 후 배당 재투자 ‖

10만 달러를 모으고 나면 더 이상 추가 투자를 하지 않고 배당금만 재투자하여도 30년 후에는 돈이 200만 달러로 늘어나고, 배당금으로만 연 10만 달러 이상을 받을 수 있습니다.

즉 1억 원을 모으고 그걸 미국 S&P500을 추종하는 ETF나 SCHD 같은 배당 ETF에 놔두면 저절로 백만장자가 됩니다. 35살까지 10만 달러를 모아서 미국 지수나 SCHD에 놓아두고 투자한 금액에서 나온 배당금만 재투자해도 30년 후 65세에 은퇴할 무렵에는 200만 달러의 현금 자산을 가진 고액의 자산가로 신분을 바꿀 수 있습니다.

필자가 직접 경험해보니 배당금이 월 50만 원, 즉 투자 금액이 1억 원이 넘어가는 시점이 되면 배당 나무의 뿌리가 어느 정도 깊어진 겁니다. 그렇게 되면 그 나무는 용비어천가의 유명한 구절 "뿌리 깊은 나무는 바람에 아니 흔들리므로 그 꽃이 아름답고 그 열매 성하도다"처럼 우리에게 매년 과실을 선사해주고, 더욱 확신을 갖고 배당 투자를 할 수 있도록 강력한 동기를 부여해줍니다.

워런 버핏이 버크셔 헤서웨이의 설계자라고 존칭했던 고 찰리 멍거 부회장은 1990년 버크셔 헤서웨이 주주 총회에서 이렇게 말했다고 합니다.

> **처음 10만 달러를 모으기는 빌어먹을 정도로 어렵지만,**
> **반드시 해야 합니다. 무엇을 해서 10만 달러를 만들든**
> **상관없습니다. 차를 타지 않고 걸어 다니고**
> **무료 급식소에서만 끼니를 해결해서라도,**
> **어떻게 해서든 10만 달러를 만들 방법을 찾기 바랍니다.**
> **그 후에는 조금 더 여유를 가질 수 있습니다. - 찰리 멍거**

항공기가 이륙할 때는 이륙 결심 속도라는 게 있다고 합니다. 이 속도를 넘어가면 기장은 무조건 이륙을 해야 합니다. 문제가 생기더라도 일단 이륙했다가 다시 착륙해야 하는 비가역적인 순간인 것입니다.

배당 투자자에게 그 기준은 1억 원입니다. 투자 금액이 1억 원이 넘거나 월 배당이 50만 원을 넘어서면, 멈추고 싶어도 멈출 수 없는 경제적 자유를 향한 비행이 시작됩니다.

17

거치식과 적립식 투자 중 무엇이 좋을까?

거치식과 적립식 배당 투자 효과 비교

배당 투자를 하다 보면, 적립식으로 모아가는 것과 거치식으로 한번에 투자하는 것 중 어떤 방식이 더 좋은지 궁금해집니다. 이 장에서는 SCHD를 이용해 거치식과 적립식 배당 투자를 비교해 보도록 하겠습니다.

한꺼번에 10만 달러, 20만 달러, 30만 달러를 거치한 뒤 추가 납입 없이 배당금만 재투자하는 경우와 매월 300달러, 500달러, 700달러씩 투자하는 경우를 비교해보겠습니다.

배당률 3.5%, 주가 상승률 6%, 배당 성장률 6%로 계산하였습니다.

SCHD에 30년간 거치식으로 10만 달러, 20만 달러, 30만 달러를 투자한 결과는 다음과 같습니다.

SCHD 30년 거치식 투자 결과 비교

	10만 달러	20만 달러	30만 달러
총 배당금	50만 달러	100만 달러	150만 달러
토털 리턴	148만 달러	296만 달러	444만 달러

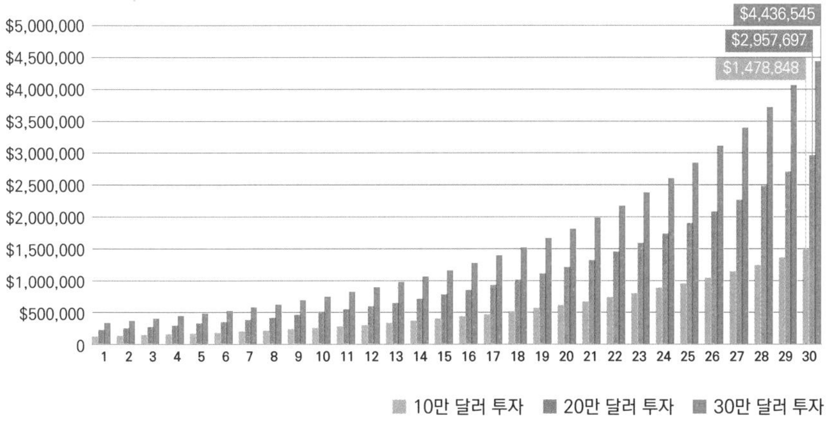

SCHD 30년 거치식 투자 결과 비교

10만 달러를 거치식으로 투자하고 배당을 재투자하면 최종 배당금은 투자 원금의 5배가 되고, 최종 수익은 약 150만 달러로 15배가 됩니다. 30만 달러를 거치식으로 투자하면 배당금 총액은 150만 달러가 되고, 토털 리턴은 444만 달러가 됩니다.

다음은 SCHD에 월 적립식으로 300달러, 500달러, 700달러씩 투자한 결과입니다. 매월 300달러씩을 투자하면 30년 후의 총 투자금은 10만 8,000달러이고, 받은 배당금은 14만 4,000달러입니다. 토털 리턴은 51만 달러 정도입니다.

SCHD 30년 적립식 투자 결과 비교

	월 300달러	월 500달러	월 700달러
총 투자금	10.8만 달러	18만 달러	25.2만 달러
총 배당금	14.4만 달러	24만 달러	33.6만 달러
토털 리턴	51.2만 달러	85.3만 달러	119.5만 달러

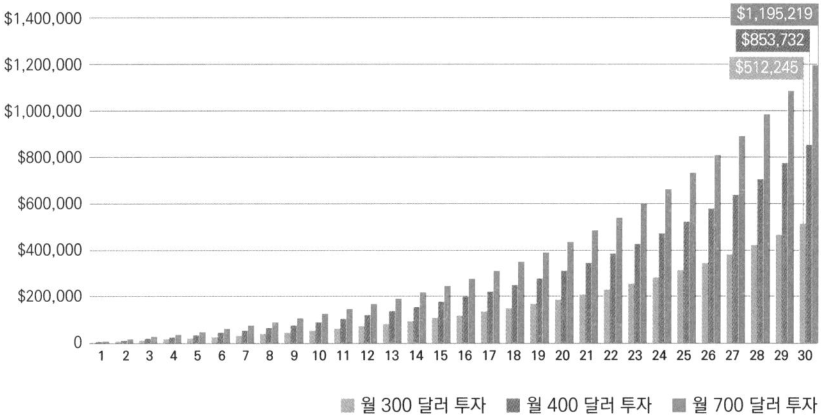

SCHD 30년 적립식 투자 결과 비교

매월 500달러를 SCHD에 투자하면 총 투자금은 18만 달러가 되고, 받은 배당금은 24만 달러, 토털 리턴은 85만 달러 정도 됩니다. 우리가 300~500달러씩만 적립식으로 투자하여도 노후에 경제적인 문제로 고민할 필요가 없습니다. 매월 700달러씩 적립식 투자가 가능하다면 총 투자금은 25만 달러이고, 최종 리턴은 120만 달러가 됩니다.

적립식으로 매월 300달러씩(총 투자금 10만 8,000달러)을 투자한 경우와 10만 달러를 거치해 투자한 결과를 비교해보면 투자 원금은 비슷해도 그 결과는 거치식 투자가 압도적으로 좋습니다. 또한 매월 700달러(총 투자금 25만 2,000달러)를 투자하는 것보다, 그보다 투자 원금이 적은 20만 달러를 거치해 투자하는 게 훨씬 더 효과가 좋았습니다.

거치식과 적립식 투자 결과 비교

	10만 달러 거치	매월 300달러 적립	20만 달러 거치	매월 700달러 적립
투자 원금	10만 달러	10.8만 달러	20만 달러	25.2만 달러
총 배당금	50만 달러	14.4만 달러	100만 달러	33.6만 달러
토털 리턴	148만 달러	51.2만 달러	296만 달러	119.5만 달러

그러나 거치식이 적립식 투자보다 좋으므로 종잣돈 10만 달러를 모은 후에 투자를 시작해야 한다는 것은 절대 아닙니다. 이 결과의 정확한 의미는, 하루라도 빨리 투자를 시작하여야 한다는 것임을 절대 잊지 마시기 바랍니다.

1억만 모으면 경제적 자유 가능하다

우리가 20대에 악착같이 투자하여 SCHD ETF로 1억 원을 만

들면 어떤 일이 생길까요? 더 이상 투자하지 않고 배당금만 재투자해도 시간의 복리 효과로 경제적 자유에 이를 수 있습니다. 사회 초년생 때 1억 원을 모으면, 나중에 결혼해서 집값과 육아, 생활비 등으로 인해 투자할 돈이 없어도 60대 이후에 경제적 자유에 도달할 수 있습니다.

거치식으로 10만 달러(1억 3000만 원)만 투자해도 30년 후에는 150만 달러(19억 5000만 원)가 됩니다. 숫자와 시간의 복리 효과를 믿으셔야 합니다.

우리가 한 살이라도 젊은 시절에 1억을 모아서 SCHD에 투자하면 첫해에 배당금만 350만 원입니다. 그리고 이것을 재투자하면 두 번째 해에는 362만 원의 배당금이 나오게 됩니다. 이후에는 고민할 이유도 없이 이것을 반복하기만 하면 됩니다.

앞 장에서 말씀드린 대로, 1차 목표를 투자금 1억 혹은 월 배당금 50만 원으로 두고 전력을 다해 노력할 필요가 있습니다. 이후에는 여유를 가지고 돈이 돈을 버는 자본주의 시스템에 맡기면 됩니다. 시간의 복리를 즐기고, 조금씩만 더 투자금을 늘려도 배당금이 늘어나는 속도를 확실하게 체험하실 수 있을 겁니다.

한 살이라도 젊을 때 적립식 투자를 시작하여 1억 원을 만들어야 합니다. 그 이후부터는 거치식으로 1억 원을 투자하는 것과 똑같은 효과가 납니다. 지금 당장, 10만 원이라도 투자하는 게 1억 원에 도달하는 가장 빠른 방법입니다. 찰리 멍거의 말처럼 1억 원에 도달하면 좀 더 여유를 가져도 되니, 그때까진 전력을 다해야 합니다.

18

고배당 커버드 콜 ETF의 위험성과 투자 방법

커버드 콜 ETF는 제2의 월급?

최근 국내에 월 배당 커버드 콜 ETF가 많이 출시되고 있습니다. 매월 배당을 주기 때문에 제2의 월급처럼 느껴져서인지 많은 투자자들에게 선풍적인 인기를 모으고 있습니다. 이러한 인기에 힘입어 국내 자산 운용사에서도 경쟁적으로 커버드 콜 ETF를 내놓고 있습니다. 커버드 콜이란 단어가 주는 거부감 혹은 이질감 때문인지, '프리미엄'이란 명칭을 쓰는 상품들 역시 계속 출시되고 있습니다.

커버드 콜의 인기는 미국도 마찬가지입니다. 우리나라보다 큰 시장답게 커버드 콜 ETF도 더 많습니다. 배당률이 60~70%씩 되는 상품도 있습니다. 그 정도면 1년 반 안에 투자 원금을 뽑는다는 생각에 알아보지도 않고 덥썩 사는 국내 투자자들도 매우 많습니다.

미국의 대표적인 커버드 콜 ETF

순위 (자산)	티커	명칭	배당률	자산규모 (달러)
1	JEPI	JPMorgan Equity Premium Income ETF	7.35%	335.8억
2	QYLD	Global X NASDAQ100 Covered Call ETF	11.65%	81.9억
3	XYLD	Global X S&P500 Covered Call ETF	9.49%	28.9억
4	RYLD	Global X Russell2000 Covered Call ETF	12.59%	14억
5	TLTW	iShares 20+ Year Treasury Bond BuyWrite Strategy ETF	17.08%	8.7억
6	TSLY	YieldMax TSLA Option Income Strategy ETF	91.12%	6.7억
7	NVDY	YieldMax NVDA Option Income Strategy ETF	52.80%	6.1억
8	CONY	YieldMax COIN Option Income Strategy ETF	76.08%	6억
9	BUYW	Main BuyWrite ETF	5.89%	4.7억
10	FTQI	First Trust Nasdaq BuyWrite Income ETF	11.59%	3.4억

그러나 세상에 공짜 점심이 없듯, 주식 시장에도 30% 이상 고배당을 주면서 주가도 상승하는 그런 꿈 같은 상품은 없습니다. 만약 그런 상품이 있다면 전 재산을 여기에 올인해야 합니다. 그런 꿈 같은 ETF를 놔두고 고루한 4~5% 적금이나 3%짜리 배당주에 투자하는 것은 누가 봐도 합리적이지 않습니다.

그러나 고배당 커버드 콜에는 치명적인 약점이 있습니다. 우리 독자들은 커버드 콜의 배당 원리와 장단점을 이해한 후, 자신의 목적에 맞도록 활용하는 현명한 투자자가 되시길 바랍니다. 필자가 설명하는 기본적인 개념을 이해하면, 커버드 콜 ETF 투자의 위험도 명확하게 알게 될 겁니다.

콜 옵션과 커버드 콜

커버드 콜 ETF는 주식 등의 기초 자산을 보유하는 동시에 해당 자산을 담보로 발행한 콜 옵션을 매도하는 투자 전략입니다. 잘 이해가 안 되시죠? 커버드 콜 ETF가 무엇인지 알려면 먼저 콜 옵션과 풋 옵션에 대해 알아야 합니다.

콜 옵션과 풋 옵션은 해당 상품을 직접 사고 파는 것이 아니라, 1개월 후, 3개월 후, 혹은 6개월 후에 해당 상품을 살 수 있는 권리(콜 옵션)와 팔 수 있는 권리(풋 옵션)를 뜻합니다. 이 권리를 사고 파는 것이 옵션 시장입니다. 콜 옵션 매수자가 콜 옵션으로 돈을 버는 과정은 이렇습니다.

현재 사과 가격이 100원인데, 콜 옵션 매수자는 3개월 후에 사과를 100원에 살 수 있는 권리를 10원에 삽니다. 3개월 후에 사과 가격이 150원이 되면 콜 옵션 매수자는 사과를 100원에 살 수 있는 권리 행사를 통해 50원의 차익을 봅니다. 콜 옵션을 매수할 때 지불한 10원을 빼면 콜 옵션 매수자는 최종적으로 40원의 수익을 챙깁니다.

만약 3개월 후에 사과 값이 90원으로 하락했다면 콜 옵션 매수자는 100원에 살 권리를 포기합니다. 시장에서 90원에 살 수 있는데 굳이 100원에 살 이유가 없는 것입니다. 대신 콜 옵션 매수자는 콜 옵션을 매수하는 데 쓴 비용인 10원을 손해 봅니다.

3개월 후에 사과 값이 100원 그대로면, 콜 옵션 매수자는 굳이 사과를 100원에 살 권리를 행사하지 않아도 될 것입니다. 따라서 이번에도 콜 옵션 매수자는 콜 옵션 매수 금액인 10원을 손해 봅니다.

이 점을 이해하면 커버드 콜 배당을 이해하는 기초가 된 것입니다. 콜 옵션 매도자(자산 운용사)는 콜 옵션 매수자와 정확하게 반대 포지션을 가지게 됩니다.

3개월 후에 사과 값이 150원이 되면 콜 옵션 매수자가 권리 행사를 요구할 테니 보유하고 있던 사과를 100원에 팔거나, 차익 50원을 콜 옵션 매수자에게 돌려줘야 합니다. 즉 사과 값이 100원에서 150원으로 올라 50원의 차액을 챙길 수 있는데, 가격 상승의 가치를 콜 옵션으로 미리 팔아버렸기 때문에 50원이 아닌 콜 옵션을 팔 때 얻은 금액인 10원만 벌게 됩니다. 즉 사과 가격이 올라도 사실상 콜 옵션 매수자와 반대로 40원을 손해 보는 것과 같습니다.

이때 콜 옵션 매도자(자산 운용사)는 콜 옵션을 매도해서 번 10원으로 배당을 하게 되니, 사과 ETF는 가격이 올라도 사실상 번 게 없고 40원을 손해 보는 셈입니다. 그래서 ETF 주가는 거의 오르지 못하게 됩니다(사실상 가치가 하락한 셈입니다). 3개월 후에 사과 값이 100원 그대로이거나 90원으로 떨어지면, 콜 옵션 매수자는 권리 행사를 포기하고 콜 옵션 매도자는 10원을 받아서 역시 배당으로 줍니다. 이처럼 가격이 횡보할 때나 하락할 때는 사과 ETF의 가치가 보존됩니다. 이것을 표로 표시하면 이렇게 됩니다. 이런 원리로 커버드 콜은 안정적으로 배당을 줄 수 있습니다.

커버드 콜 옵션 매도와 배당과의 관계

사과값 150원 콜 옵션 매도 10원	사과값 100원 콜 옵션 매도 10원	사과값 90원 콜 옵션 매도 10원
• 콜 옵션 매도 = 배당 • 상승 시 40원 손해	• 콜 옵션 매도 = 배당 • 횡보 시 10원 이익	• 콜 옵션 매도 = 배당 • 하락 시 10원 이익

커버드 콜의 위험성

커버드 콜의 첫 번째 위험은 배당 하락입니다. 사과 값(주가)이 80원으로 하락하면 콜 옵션을 발행할 수 있는 기초 자산 가격이 하락하는 것이므로 콜 옵션 발행량과 가격이 하락합니다. 예를 들면 사과값이 100원일 때 10원을 받고 팔았던 콜 옵션 프리미엄을 5원에 팔아야 합니다(콜 옵션 발행 가격은 기초 자산의 가치에 따라 달라집니다).

이렇게 되면 콜 옵션 매도 금액이 10원에서 5원으로 줄어들기 때문에 배당금 역시 10원에서 5원으로 줄어듭니다. 따라서 주가 하락 시에는 커버드 콜 배당도 계속 줄어들게 됩니다.

커버드 콜의 두 번째 위험은 ROC(return of capital)입니다. 주가가 하락하여 콜 옵션 매도 프리미엄이 5원으로 하락하였는데, 약정한 배당금 10원을 계속 주기 위해서 자산 운용사는 사과(기초 자산)를 팔아 그 돈으로 배당을 줍니다. 주식을 매수한 내 돈을 배당으로 돌려받는, 일종의 제 살 깎기입니다. ROC는 엄밀히 말해 배당이 아니므로 미국 시민권자에게는 15%의 배당세를 부과하지 않습니다. 그러나 미국 시민권자가 아닌 한국 투자자에겐 배당세를 부과합니다. 내 돈을 넣고 내 돈을 돌려받는데 거기서 15% 세금을 떼니 ROC가 발생하면 한국 투자자 입장에선 손해입니다. 따라서 커버드 콜 ETF에 배당 투자를 할 때, 한국 투자자는 해당 ETF의 ROC 여부를 확인하고 ROC가 지나치게 높은 커버드 콜은 피해야 합니다.

커버드 콜의 세 번째 위험은 FOMO입니다. 사과 값이 100원에서 150원으로 오른다 해도 그 상승분 50원은 콜 옵션 매수자가 가져가고 내가 가져가지 못합니다. 상승 프리미엄 50원을 누리지 못하고 10원의 배당으로 만족해야 하는 것입니다. 상승장에서 커버드 콜 ETF는 기초 자산만큼 상승하지 못하여 상대적 박탈감을 느끼게 합니다.

이를 주가 차트로 다시 한번 확인해봅시다. 다음은 나스닥100 커버드 콜로 유명한 QYLD(Global X NASDAQ100 Covered Call ETF) 지수와 나스닥100 지수를 비교한 것입니다. 나스닥100 지수가 하락할 때는 QYLD와 큰 차이가 없습니다. 그러나 나스닥100 지수가 33% 상승할 동안에도 QYLD는 여전히 -21%대로 상승하지 못하고 있습니다. 상승장에서 FOMO와 상대적 박탈감을 느끼게 되는 이유입니다.

이번에는 배당을 포함하여 QYLD와 나스닥100 지수를 비교해 봅시다. 배당을 포함하면 QYLD 하락 폭은 기초 자산인 나스닥100보다 낮습니다. 그러나 상승 시에는 배당을 포함해도 역시 나스닥100 지수보다 상승 폭이 낮습니다.

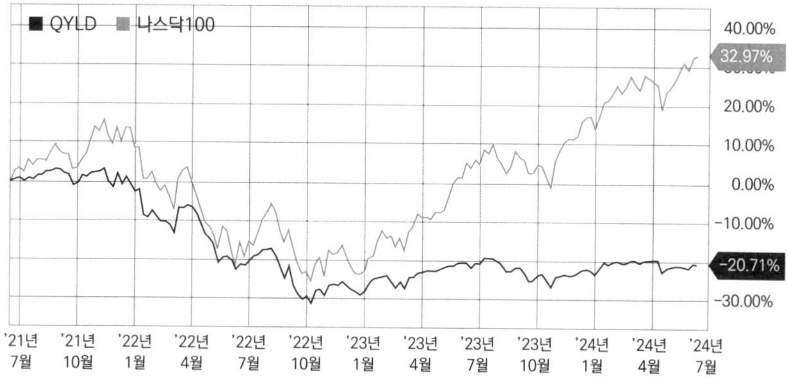

QYLD와 나스닥100 지수 비교(배당 미포함)

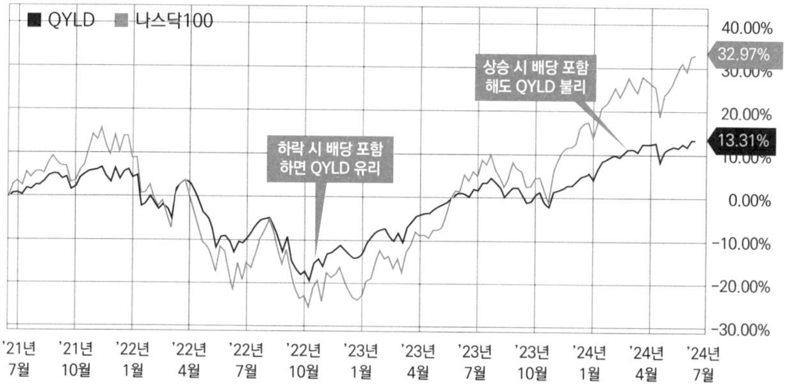

QYLD와 나스닥100 지수 비교(배당 포함)

고배당 커버드 콜은 고배당으로 하락장 때 충격을 방어해줄 수 있지만, 상승장에서는 기초 자산 가격 상승률을 따라가지 못합니다.

이번에는 배당률이 50%가 넘었던 초고배당 엔비디아 커버드 콜 ETF인 NVDY(YieldMax NVDA Option Income Strategy ETF)와 테슬라 커버드 콜 ETF인 TSLY(YieldMax TSLA Option Income Strategy ETF)를 각각의 기초 자산인 엔비디아, 테슬라와 비교해봅시다.

먼저 테슬라 커버드 콜 TSLY는 배당 포함을 안 할 시 64% 하락해 기초 자산인 테슬라(22% 하락)의 3배 정도 하락하였습니다. 50%가 넘는 초고배당을 포함시켜 비교하면 −9%로, QYLD와 마찬가지로 하락장에서는 커버드 콜이 조금 더 나은 수익률을 보여줌을 알 수 있습니다.

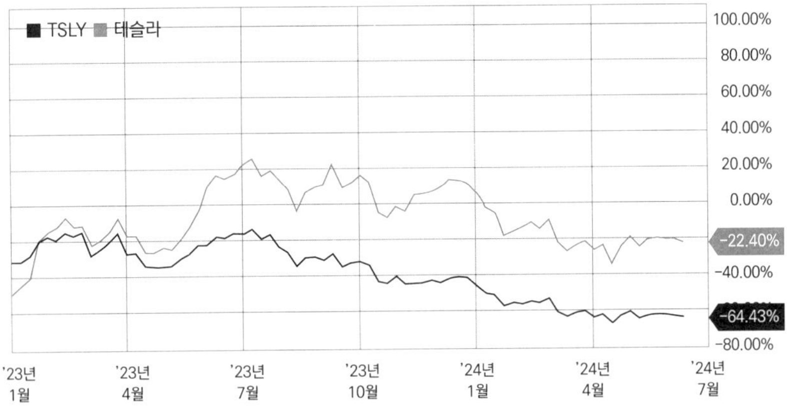

TSLY와 테슬라 비교(배당 미포함)

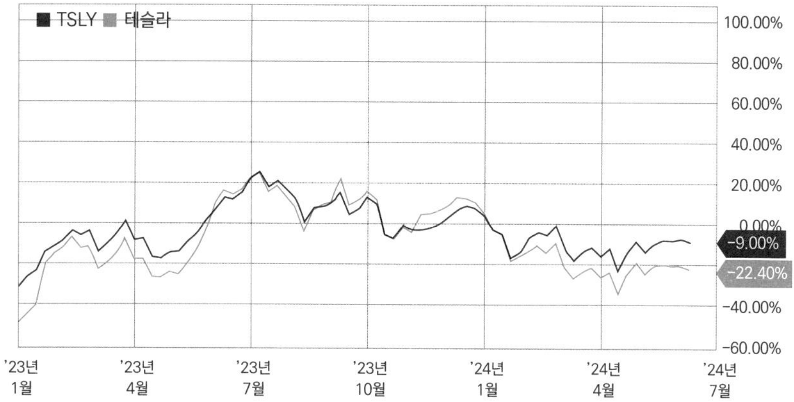

TSLY와 테슬라 비교(배당 포함)

NVDY와 엔비디아를 비교해도 커버드 콜 ETF의 문제점을 그대로 알 수 있습니다. 엔비디아가 500% 이상 상승할 때 NVDY는 45% 정도 상승하였고, 50%가 넘는 초고배당을 포함하여도 상승률은 176%로 엔비디아의 상승률 541%에는 반도 미치지 못합니다.

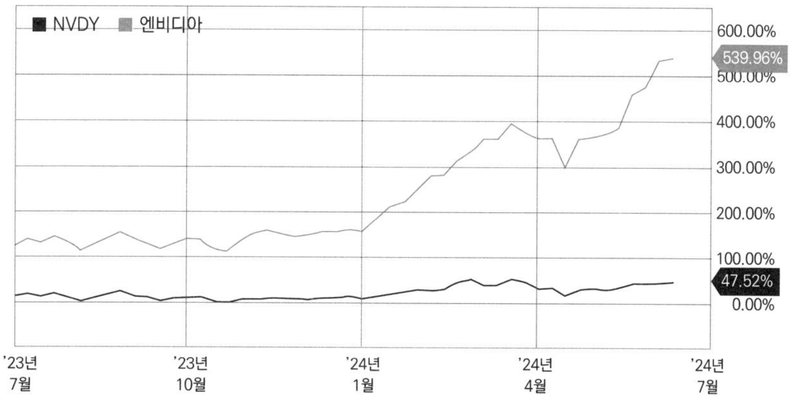

NVDY와 엔비디아 비교(배당 미포함)

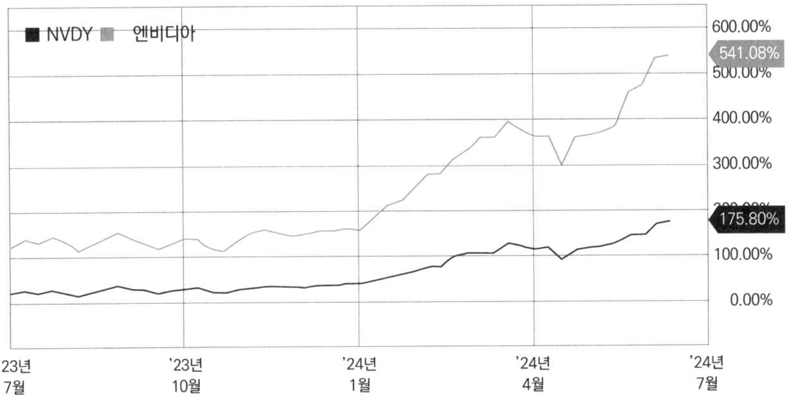

NVDY와 엔비디아 비교(배당 포함)

커버드 콜을 활용해 현명한 투자를

이렇게만 보면 커버드 콜은 거의 쓰레기 같은 ETF로, 절대 투자해서는 안 된다고 생각할 수 있습니다. 이러한 결론은 투자자에 따라 맞기도 하고 틀리기도 합니다.

즉 투자할 기간이 충분한 20~40대라면 10~20%의 고배당이 탐나더라도 장기적으로 보아 커버드 콜 ETF에는 투자하지 않는 것이 이익입니다. 하락장에서는 어느 정도 도움이 되지만 하락 후 찾아올 상승장에서 상승분을 취할 수 없기 때문에, 투자 기간이 넉넉한 투자자는 무리하게 커버드 콜에 투자할 이유가 없습니다. 설령 커버드 콜에 투자하더라도, 개별 종목형 커버드 콜보다는 지수형 커버드 콜에 현금 흐름 확보용 정도로 적은 비중으로만 투자하는 게 좋습니다.

그러나 은퇴 후 현금 흐름이 시급한 투자자나 안정적인 현금 흐름이 꼭 필요한 투자자라면 커버드 콜로 현금을 확보하는 것은 나쁜 전략이 아닙니다. 그러나 커버드 콜에 올인하면 주가 상승 시에 상당한 박탈감을 느낄 수 있으므로 적절한 비중으로 투자해야 합니다.

독자분들은 이제 커버드 콜의 위험과 장단점을 이해하였을 것입니다. 다시 한번 설명하면, 20~40대는 커버드 콜 투자를 안 하는 것이 좋고 하더라도 적은 비중으로 해야 합니다. 반면 현금 흐름이 꼭 필요한 50~60대는 커버드 콜 투자를 해도 괜찮지만 적당한 비중으로만, 지수형 ETF와 병행하여 투자해야 합니다. 이렇게 해야 강한 상승장에서 소외되는 위험을 피하면서, 일정한 현금 흐름을 유지하며 꾸준히 배당 투자를 할 수 있기 때문입니다.

개똥이 약이 되기도 하고, 독초도 때론 보약으로 쓰이듯, 상품 자체의 특성을 명확히 이해하고 자신의 환경에 맞도록 조절하는 것이 현명한 투자입니다.

19

3배 레버리지 투자는 청양고추처럼

화끈한 야수의 나라, 대한민국

대한민국에는 화끈한 야수의 심장들이 많습니다. 그래서 그런지, 불닭볶음면 같은 매운 음식을 좋아합니다. 그 맵다는 청양고추를 고추장에 찍어 입가심하는 분들도 많습니다. 그러나 아무리 맛있는 청양고추라도 삼시 세끼 밥 대신 먹으면, 하루 이틀 만에 속이 쓰려서 병원에 실려갈 겁니다. 이런 청양고추는 밥 대신 먹는 게 아니라 식욕을 돋우는 용도로 밥이랑 같이 먹어야 합니다.

좋은 배당주는 밥처럼 삼시 세끼 꾸준히 먹는 일용할 양식이고, 3배 레버리지는 밋밋한 밥상에 알싸한 맛을 더하는 청양고추 같은 상품입니다. 배당주 투자 자체가 지루해지고 상승장에서 투자 성과가 안 나올 때, 3배 레버리지를 전체 포트폴리오에서 최대

10% 이내로 투자하는 건 좋습니다. 배당주의 밋밋한 수익률을 순간적으로 부스팅시키는 용도로 써볼 만합니다. 그러나 청양고추를 밥처럼 먹다간 큰 탈이 나듯, 3배 레버리지만으로 투자했다가는 반드시 탈이 납니다.

최근 모 커뮤니티에서 테슬라 3배 레버리지(TSL3, 일명 삼슬라)에 투자하여 마이너스 98% 수익률을 기록했다는 글과 계좌 인증이 올라온 것을 보았습니다. 수많은 조롱성 댓글이 달렸지만, 누구나 그런 실수를 할 수 있습니다. 독자들도 예외가 아닐 수 있으니 3배 레버리지의 위험을 꼭 인식하고 투자하는 것이 좋습니다.

그럼 '삼슬라'를 예시로 3배 레버리지 투자의 위험을 알아봅시다. 삼슬라 최고가인 4,000달러(액면 병합 후 주가 기준)를 기준으로 하면, 2024년 6월 6일 기준 99.68% 하락한 상태입니다. 다음은 삼슬라 3년 주가 차트입니다.

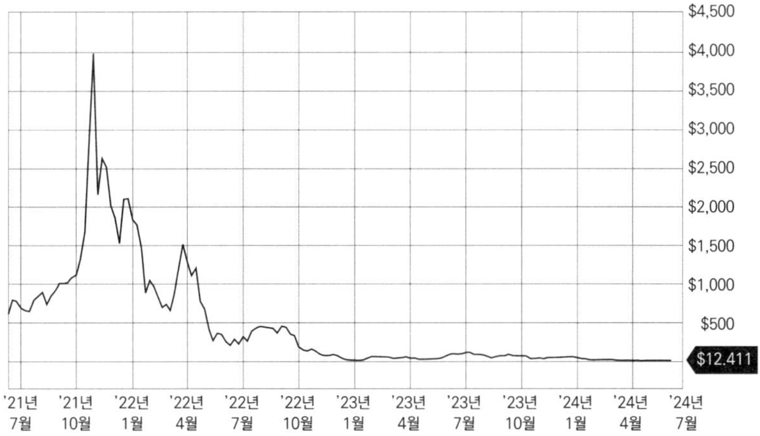

테슬라 3배 레버리지(TSL3) 주가 차트

3배 레버리지의 위험성을 더 명확하게 이해하기 위하여 테슬라 주가와 비교해봅시다. 2021년 6월부터 3년간의 주가 차트인데, 파란색 주가가 테슬라입니다. 테슬라는 3년간 14% 하락한 데 비해 테슬라 3배 레버리지는 98% 하락했습니다. 이것이 3배 레버리지 투자의 위험성인 음의 복리 효과입니다.

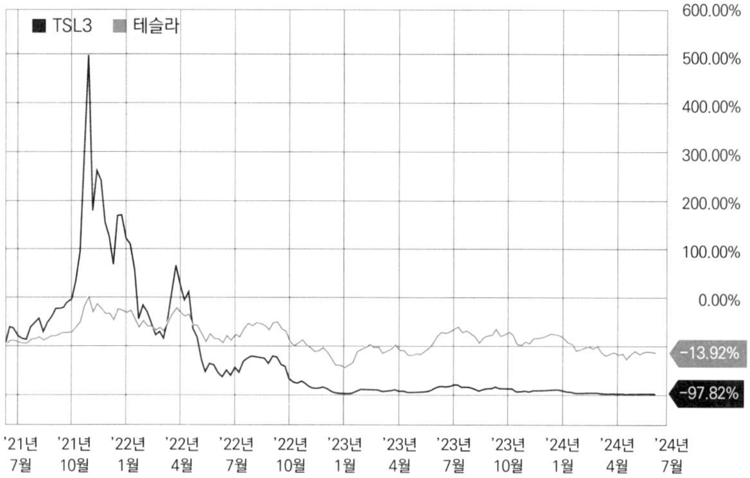

‖ 테슬라 3배 레버리지(TSL3)와 테슬라 주가 차트 ‖

3배 레버리지의 음의 복리 효과

테슬라와 테슬라 3배 레버리지의 주가가 각각 200달러라고 해봅시다. 테슬라 주가가 10% 하락하면 테슬라 주가는 180달러가 됩니다. 여기서 테슬라 주가가 10% 상승하면 테슬라 주가는 198달러가 됩니다. 그런데 테슬라 3배 레버리지 주가는 어떻게 될까요? 10%의 3배 레버리지이니 30%가 내립니다. 주가는 140달러가 됩니다. 여기서 30%가 올라도 주가는 182달러밖에 되지 않습니다.

10% 하락했다가 10% 상승할 때 테슬라 주가는 198달러인데, 테슬라 3배 레버리지의 주가는 182달러가 됩니다. 결과적으로 테슬라 주가는 1% 하락했는데 테슬라 3배 레버리지는 9% 하락한 것입니다. 이것이 3배 레버리지의 음의 복리 효과입니다. 이런 과정이 반복되면 주가가 녹아버리는데, 이것이 앞에서 보여드린 결과입니다. 지난 3년간 테슬라 주가 하락률은 14%인데, TSL3의 주가는 98% 하락했습니다.

모 커뮤니티에 올라왔던 마이너스 98%의 수익률도 이런 과정을 거쳤을 겁니다. 2021년 7월에 3배 레버리지를 600달러 대에 사서 팔지 않고 장기 투자했다면 현재 주가는 12달러대이니 98% 하락한 겁니다.

그럼 원금 회복 가능성을 봅시다.

TSL3을 600달러에 샀다면, 테슬라 주가가 매년 100%(3배 레버리지는 300% 상승)씩 3년 연속 상승한다면 원금 회복이 가능할 것입니다.

만약 최악의 경우를 가정하고 TSL3이 최고가인 4,000달러였던 때에 매수했다면 어떻게 될까요? 테슬라가 4년 연속 매년 100%씩 주가 상승(TSL3 4년 연속 300%씩 상승)해도 원금 회복이 어렵습니다. 물론 상승장에서는 음의 복리 대신 양의 복리 효과가 적용

되나 매년 주가가 100%씩 4년 연속 상승하는 일은 불가능하고, 주가가 상승과 하락을 반복하면서 생기는 음의 복리 효과도 빼놓을 수 없습니다.

조금 양보하여 매년 주가가 50%씩 상승(TSL3은 150% 상승)한다 해도 고점에 샀다면 거의 7년 연속 상승해야 본전을 찾을 수 있는데, 이 역시 중간에 생기는 음의 복리 효과 때문에 실제로는 원금 회복이 불가능합니다.

위의 예에서 볼 수 있듯 3배 레버리지는 투자 포트폴리오에서 많아도 10% 이내에서, 청양고추처럼 양념으로만 투자해야 합니다.

국내 야수들이 좋아하는 나스닥100 지수 추종 3배 레버리지인 TQQQ와 반도체 3배 레버리지인 SOXL도 TSL3과 똑같은 위험이 있습니다. 2024년 6월 초 기준으로 엔비디아는 시총 3조 달러를 돌파하고, 나스닥은 연일 사상 최고치를 경신 중입니다. 6월 5일 하루 만에 SOXL이 12% 이상 오르고 TQQQ 역시 6% 가까이 오르는 상승장에서, 3배 레버리지에 투자 안 하는 사람들을 보면 겁쟁이라고 생각할 수 있습니다.

이렇게 주가가 날아갈 때 3배 레버리지는 좋은 투자입니다. 이만 한 수익률을 주는 ETF는 찾기 힘듭니다.

그러나 2021년 11월부터 2022년 10월까지 11개월 동안 SOXL은 84% 하락했고, TQQQ 역시 75% 하락했던 사실을 기억해야 합니다. 과거의 차트를 보면 우리는 모두 주식 천재가 됩니다. "하락하기 전에 빠져나오면 되잖아"라고 쉽게 말할 수 있지만, 과거의 일이니 그런 말을 하는 겁니다. 미래의 주식은 아무도 모릅니다.

2022년 나스닥 고점에서 75% 하락한 TQQQ

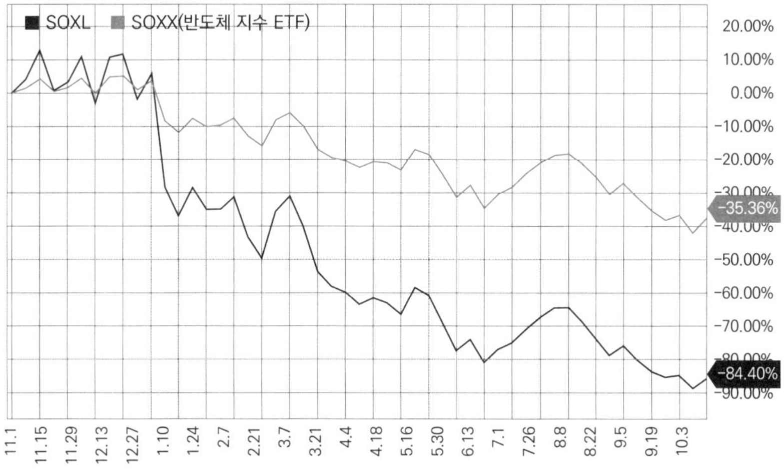

2022년 나스닥 고점에서 84% 하락한 SOXL

자신의 계좌에서 TQQQ와 SOXL이 하루에 10%씩 녹아내리는 상황을 맨 정신으로 이겨내는 것, 정말 힘듭니다.

이걸 왜 샀나 하는 미칠 듯한 후회와 '차라리 그 돈으로 차나 바꿀걸', '와이프한테 백이나 하나 사줄걸', '애들이랑 해외여행이나 갔다 올걸' 같은 '껄무새' 타령이 시작되면 버틸 수가 없습니다. 지금 50%라도 건지자는 손절의 유혹에 하루하루가 지옥일 수 있습니다.

물론 이런 하락장에 녹아내리는 TQQQ를 보고도 날마다 울면서, 술 먹으면서 악으로 깡으로 버텨 은퇴 자금 마련에 성공했다는 블로거를 본 적은 있습니다. 이렇게 버티는 사람도 분명 있겠지만, 독자 여러분이 그 사람일 거란 오해는 참아주십시오.

3배 레버리지 투자를 효과적으로 하는 방법은, 주가가 완전히 바닥을 찍었다는 확신이 들 때 계속 분할 매수하면서, 양의 복리 효과를 최대한 누리다가 고점 근처에 왔다고 판단되면 빠져나오는 것입니다. 제 블로그 이웃 중 한 분이 SOXL에 이렇게 투자하셨다가 1억 원을 벌고 익절해서 그 돈을 어디에 쓸지 고민하는 행복한 포스팅을 하는 걸 보았습니다. 그러나 이는 운과 실력이 따라줘야 하는 일입니다. 상승장에서 칼같이 손 털고 나오기는 굉장히 어렵습니다.

현재에서 과거를 보면 주식 투자는 참 쉽습니다. 그러나 실전에서는 현재에서 미래를 봐야 하기 때문에 하락하는 시장의 어디가 바닥인지, 상승하는 시장의 어디가 고점인지 아는 건 사실상 불가능하며 운의 영역입니다. 따라서 3배 레버리지에 올인했다가는 오르락내리락하는 차트에 시달리다가 심각한 탈모나 급속 노화를 체험할 수 있습니다.

돈 벌려고 주식하는데, 돈은 고사하고 탈모와 급속 노화, 심지어 위장병에 불면증까지 보너스로 받으면 인생이 괴로워집니다. 주식 투자는 평온하게 해야지 도박이나 노름이 되어서는 안 됩니다.

필자도 3배 레버리지 투자를 합니다. 필자의 가슴에도 한탕 하고 싶은 탐욕이 있고 지금이라면 먹을 수 있겠다 싶은 교만이 수시로 튀어나오는데, 이런 욕구를 마냥 외면할 수는 없더라고요. 그래서 포트폴리오의 5% 이내에서 TQQQ도 사고 팔고, 미국 장기 채권 3배 레버리지인 TMF를 사서 1년째 물려 있기도 합니다. 또는 금리 인하 수혜주라는 러셀2000으로 성이 안 차, 러셀2000의 3배 레버리지인 TNA ETF를 매수하기도 합니다.

그러나 3배 레버리지는 청양고추처럼 양념으로만 투자해야 한다는 것을 꼭 기억하면서, 전체 투자금의 10%가 넘지 않도록 스스로 브레이크를 걸어야 합니다. 만약 스스로 브레이크를 못 걸 것 같다면, 아예 건드리지 않는 것도 오래 시장에 머무는 좋은 방법입니다.

우리 배당 투자자의 목표는 빨리 부자가 되는 것이 아닙니다. 좋은 배당주를 평생 마르지 않는 샘물이 나오는 숲으로 가꾸어, 자신과 가족의 편안한 쉼터를 만드는 것입니다.

20

미국 배당주를 달러로 투자해야 하는 이유

젊을 때에는 주식에 집중하라

주식 투자는 자산 배분의 일부입니다. 우리는 자산을 부동산과 주식, 채권, 원자재, 비트코인, 금 등에 분산 투자해야 합니다. 이러한 용도로 잘 알려진 것이 '올 웨더 펀드(ETF)'입니다. 경기가 좋고 나쁜 모든 경우에 적용 가능한 자산 배분 펀드입니다. 많은 투자 전문가들이 이런 펀드를 판매하고 운영하면서 투자자들을 모으고 있습니다.

그러나 투자 자산이 적을 때나 젊을 때는 주식에만 집중하는 것이 좋습니다. 얼마 안 되는 돈을 금, 채권, 원자재 등에 분산해 투자해서는 의미 있는 자산 증식을 이루기가 쉽지 않기 때문입니다. 또한 미국 시민권자에게는 올 웨더 ETF가 잘 맞지만, 비기축 통화국 시민이기에 달러에까지 투자를 해야 하는 우리에게는 분산 투자의 대상이 늘어나 잘 맞지 않는 면이 있습니다. 우리나라와 같은 비기축 통화국 시민들은 반드시 달러를 자산으로 보유할 필요가 있습니다. 물론 필자는 트라우마가 있어서 더욱 달러에 집착하는지도 모릅니다.

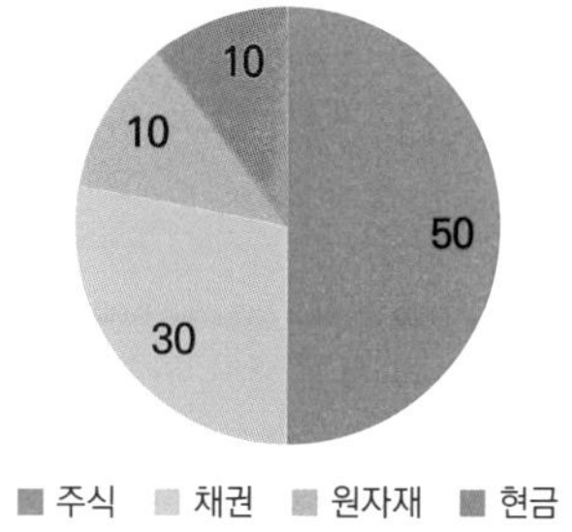

올 웨더 ETF(예시)

비기축 통화국 투자자라면 달러 보유는 필수

필자는 직장 생활 초년기에 외환 위기, 즉 달러가 없어 나라가 부도나는 것을 목격했고, 그 후유증으로 수백 명의 직원들이 하루아침에 해고되어 눈물을 흘리며 회사를 떠나는 것을 보았습니다. 원 달러 환율이 2,000원이던 그 시대에 받은 강한 충격 때문에 달러의 힘에 대한 두려움이 있습니다. 2008년 금융 위기 때도 나라가 또 부도나서 외환 위기 때 보았던 끔찍한 정리 해고의 칼바람이 회사에 몰아칠까 조마조마했던 경험이 있어서, 무슨 일이

나면 일단 원 달러 환율부터 알아보는 슬픈 습관을 지니고 있습니다. 원 달러 환율이 잠잠하면 '아 이건 큰 사건이 아니겠구나' 생각하고, 환율이 급등하면 불안해합니다.

이렇게 무슨 일이 나면 환율부터 챙기는 이유는 우리 원화는 달러나 엔, 유로화 등과 달리 세계 화폐 시장에서 지역 화폐나 지역 상품권처럼 취급되기 때문입니다. 2020년 팬데믹, 2008년 세계 금융 위기, 1998년 외환 위기 같은 일이 생기거나 북한이 핵실험을 하는 등 남북한 갈등이 격해지면 지역 화폐인 원화의 가치는 하락하고 달러 가치는 급등합니다.

다음 그림은 원 달러 환율 차트입니다. 1998년 외환 위기 때 환율은 800원대에서 2,000원대로 급등했고, 2008년 금융 위기 시에도 900원대에서 1,500원대로 급등했습니다. 팬데믹 시기에도 1,100원대에서 1,400원대로 급등했습니다.

즉 우리 원화는 충격에 취약하여, 원 달러 환율은 이렇게 자주 급등합니다. 원 달러 환율이 급등한다는 의미는 내가 보유하고 있는 원화 자산의 가치가 그만큼 줄어든다는 것입니다.

또한 지난 30년간 장기적으로 원 달러 환율의 저점이 점점 높아지고 있고, 1990대 초반처럼 달러가 700원, 800원 혹은 1,000원 하던 시절로 돌아가기는 쉽지 않다는 것도 꼭 기억해야 합니다.

장기적으로 보았을 때 우리 원화의 가치가 하락하고 있다는 불편한 진실을 기억하고 있어야 돈을 벌고 자산을 지키는 데 도움이 됩니다. 우리 원화로만 자산을 보유하면 순식간에 자산의 80%가 사라질 수 있다는 사실을 꼭 기억해야 합니다.

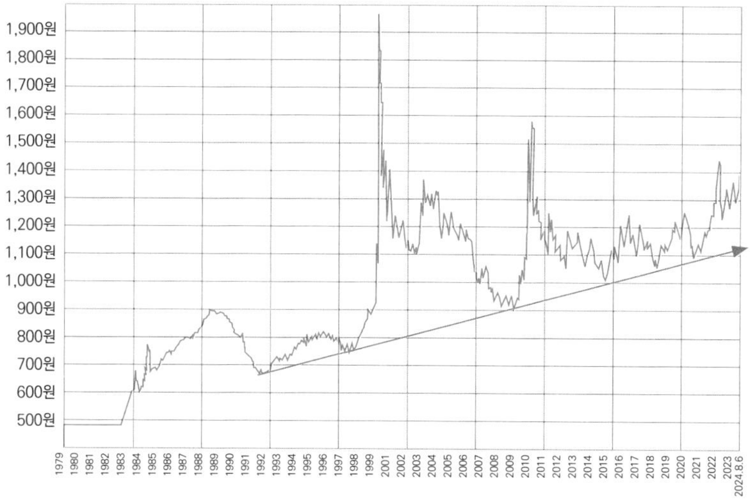

저점이 점점 높아지는 원 달러 환율

환율이 700원이던 1995년에 1주 당 8만 원이었던 삼성전자 주식을 100주 샀다고 합시다. 그러면 내가 가진 주식의 가치는 원화로는 800만 원이고, 달러로는 약 11,428달러입니다. 그러나 1998년 외환 위기처럼 환율이 일순간에 2,000원이 되면 내가 가진 주식의 가치가 4,000달러로 순식간에 반토막이 납니다. 또 이런 상황에서는 주가 역시 대폭락하기 때문에, 삼성전자의 주가 역시 50% 이상 하락하여 내 주식의 가치는 달러로 보면 2,000달러도 안 됩니다. 즉 11,000달러 이상의 가치가 있던 삼성전자의 주식이 환율 급등과 주가 하락으로 순식간에 4분의 1만 남기고 증발해버린 것입니다.

지역 화폐인 원화로만 생각하면 실감을 못 하지만, 달러를 가진 입장에서 보면 삼성전자 주식이 80% 하락한 셈입니다. 외환 위기 당시 외국인들은 80% 하락한 삼성전자나 제일은행 등을 헐값에 쓸어 담아 떼돈을 벌었습니다. 이것이 우리가 익히 알고 있는 외국 자본의 '양털 깍기'입니다.

외환 위기는 주식 시장뿐 아니라 부동산 시장도 폭락시켰습니다. 달러 보유자 입장에서 보면 삼성전자 주식이 80% 대바겐세일이었듯, 강남 아파트 역시 마찬가지였습니다. 당시에 달러를 보유하고 있던 외국인과 재미 교포, 재일 교포가 한국에 몰려와 달러 가치로 80% 하락한 아파트와 상가를 쓸어 담아 떼돈을 벌었습니다.

달러를 보유하는 2가지 방법

이제 독자들은 양털 깍기의 무서움과 달러의 힘을 이해하셨을 겁니다. 비기축 통화국 시민인 우리에게 달러는 위기 시 자산을 지키는 든든한 방패가 된다는 것을 기억해야 합니다.

달러를 보유하는 방법은 크게 2가지입니다. 첫 번째는 은행에 달러를 예금하는 것입니다. 외화 예금으로 달러를 보유하면 됩니다만, 현재 예금자 보호 한도가 5000만 원이라 외환 위기 같은 유사시에는 은행에 있는 달러를 못 찾을 수도 있습니다. 물론 이런 일은 아르헨티나나 베네수엘라 직전까지 나라가 망가져야 발생하는 대형 참사이니 너무 걱정할 필요는 없습니다.

두 번째는 미국 주식을 달러로 구매해서 보유하는 것입니다. 이렇게 보유한 달러 자산, 즉 미국 주식은 사실상 미국에 있는 것이나 마찬가지입니다. 이 달러는 우리나라에 큰 문제가 생겨도 안전하겠지요.

은행에 뒀다가 유사시에 예금자 보호 한도를 벗어났다고 안 주면 돌려받지 못하지만, 내가 애플 주주로서 가지고 있는 주식은 애플이란 회사가 존재하는 한 그 가치를 인정받을 수 있습니다. 최악의 상황에서도 내가 애플 주식 100주를 보유한 주주라는 사실을 증명하면 해당 주식에 해당하는 달러를 찾을 수 있는 것입니다.

또한 달러 대신 애플 주식을 보유하고 있다면 4~5% 수준의 달러 예금 금리보다는 못하지만 배당 또한 받을 수 있고, 운이 좋으면 주가도 상승하기 때문에 이는 일종의 달러 투자나 마찬가지입니다. 달러를 예금해두면 이자는 받을 수 있겠지만 매년 증가하는 배당과 주가 상승이란 과실은 따 먹을 수 없습니다.

우리가 한국 부동산과 주식에만 투자한다면 모든 자산을 원화로만 보유하는 셈이라 외환 위기 시에는 자산 가치가 증발하게 됩니다.

그러나 그런 자산의 일부를 미국 주식으로 보유하고 있다면, 내 자산 가치를 보호할 수 있게 됩니다. 그때 달러 자산인 미국 주식을 팔아서 국내 대형주나 부동산에 투자하면 양털 깍기를 당하는 쪽이 아니라 양털 깍기를 하는 쪽에 서서 자산을 지키거나 불릴 수 있습니다.

한국을 벗어난다면 모를까 한국에서 계속 살아야 한다면 부동산은 어쩔 수 없이 원화로 보유하는 수밖에 없습니다. 그러나 금융 자산의 일부를 미국 배당주에 투자하면서 달러로 보유한다면, 혹시라도 갑자기 찾아올지 모르는 외환 위기나 원 달러 환율 급등 시에 내 자산을 지킬 수 있습니다.

절세를 위해서 ISA나 IRP를 활용하는 것도 중요하지만, 달러로 미국 주식을 직접 매수하여 달러 자산을 보유하는 것도 중요한 투자 전략임을 잊지 말아야 합니다.

21

미국 배당 투자자는 환율 고민할 필요 없다

환율이 높을 때 미국 주식 사도 될까?

필자가 가장 많이 받는 질문 중 하나가 "환율이 너무 높은데 미국 주식 사도 될까요?"입니다. 그런데 필자는 환율이 1,200원 일 때도 이런 질문을 받았고, 1,250원, 1,300원을 넘을 때도 계속 같은 질문을 받았습니다. 필자가 아는 어떤 의사분은 환율이 너무 높아 지금 미국 주식을 사면 환차손을 입을 것 같다며 2년 전부터 미국 주식을 못 사고 있습니다. 그 의사분은 환차손만 걱정하다 미국 주식을 못 사고 최근 2년간의 상승장을 그대로 놓쳐버렸습니다. 필자는 '환율과 주가는 평균에 회귀하고, 게다가 지금 환율 1,250원이 비싼지 싼지는 우리가 알 수 없다. 환차손과 환차익은 시장에서 나오는 것이니 우리는 지금 배당주 사서 배당받으면 충분하다'고 여러 번 말했습니다. 그 의사분이 아직도 계속 환율 하락을 기다리는지 아니면 환율이 1,380원을 넘나드는 지금에 와서야 미국 주식을 샀는지는 모를 일입니다.

주식이 오를지 내릴지는 누구도 알 수 없는 것처럼, 환율이 오를지 내릴지, 원 달러 환율 1,350원이 비싼 수준인지, 싼 수준인지는 누구도 정확하게 판단하기 어렵습니다. 이렇게 종잡을 수 없는 환율이지만 다행스럽게도 미국 배당주 투자자에겐 그리 커다란 문제가 아닙니다. 미국 배당주 투자자가 환율에 고민할 필요가 없는 이유는 2가지입니다. 첫째는 배당금, 둘째는 달러 스마일 이론 때문입니다.

환율의 미래는 몰라도 배당금의 미래는 안다

미국의 배당주 리얼티인컴은 지난 26년간 계속 배당을 늘려온 대표적인 소매 리츠 월 배당 기업입니다. 리얼티인컴은 107분기 연속 배당을 늘려온 것을 자랑스러워하며, 자사 홈페이지 첫 화면에 자신들의 배당 이력을 공시할 정도로 월 배당에 진심입니다. 2024년 5월 말 기준으로 리얼티인컴의 배당률은 6.2%입니다. 한 달 기준으로 보면 매월 0.52% 배당을 하는 것입니다.

우리가 리얼티인컴의 주식을 매수하면 일단 매월 0.52% 배당을 확보하게 되는 것이며, 6개월이 지나면 3.1%의 배당금이 우리 계좌에 입금됩니다. 만약 6개월 동안 환율이 3.1% 하락하지 않는다면 우리는 3.1% 수익을 본 것이고, 환율이 3.1% 하락했어도 실질적으로 손해 본 것은 없습니다.

환율이 오를지 내릴지는 알 수 없지만, 리얼티인컴이 배당을 준다는 것은 확실합니다. 때문에 환율이 오를지 내릴지 (내가 통제할 수 없는 상황을) 고민하는 데 시간과 마음을 쓰는 대신, 리얼티인컴 같은 배당주를 사면 매월 0.5%에 해당하는 환 쿠션 역할을 하는 배당금을 자동으로 얻을 수 있는 것입니다.

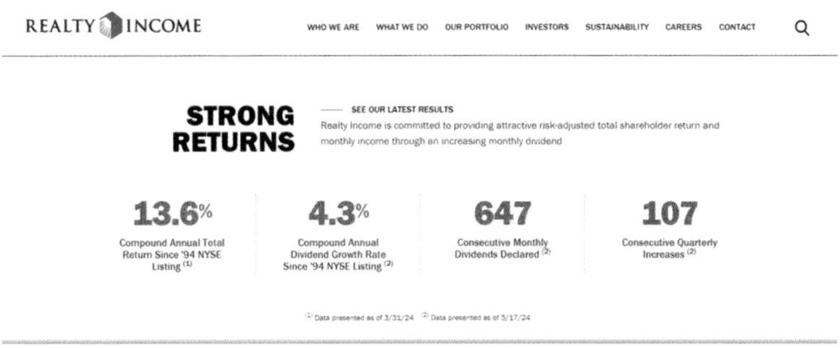

*출처: 리얼티인컴 홈페이지(www.realtyincome.com)

‖ 월 배당에 진심인 리얼티인컴 ‖

또한 매월 배당을 받아 재투자하면, 배당 재투자 효과로 환율 쿠션을 더 얻을 수 있습니다.

리얼티인컴 100주를 사면 매월 26.3달러(1주당 0.263달러 배당)를 배당받습니다. 이 배당금을 재투자하면 그만큼 배당이 늘어납니다. 배당이 배당을 낳아, 환율 하락에 대한 충격을 상쇄해주는 환율 쿠션이 매월 두꺼워지는 셈입니다. 따라서 배당 투자자는 환율을 고민할 이유가 없습니다. 환율 하락을 기다릴 시간에 주식을 매수해서 배당으로 커버하면 됩니다. 환율이 하락해도 배당으로 충격이 줄어드니 걱정 없고, 환율이 오르면 환차익이 생깁니다.

달러 스마일 이론

달러 스마일 이론은 모건 스탠리의 외환 전략가였던 스티븐 젠이 주장한 이론입니다.

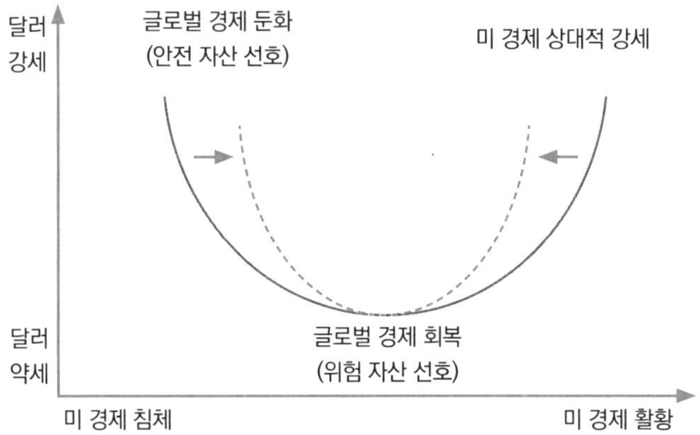

달러 스마일 이론

글로벌 금융 위기가 오거나 미국에 강한 경기 침체가 오면, 안전 자산을 선호하는 심리 때문에 달러는 급강세를 보입니다. 이후에 위기 극복을 위해 달러를 풀게 되면 달러가 흔해져 다시 약세를 보이게 되고, 이후 다시 미국 경기가 좋아지면 달러가 강세가 된다는 순환 이론입니다.

그래프로 나타내면 달러가 미소 짓는 것처럼 보이기 때문에 '달러 스마일 이론'이라고 하는데, 이 이론에 따르면 미국 경기가 좋을 때와 미국 경기가 급랭하거나 글로벌 경기가 나빠질 때 양쪽 모두에서 달러는 강세를 보입니다.

달러 스마일 이론과 배당 투자는 무슨 관계가 있을까?

우리는 먼저 미국 경제와 한국 경제가 밀접하게 연계되어 있고, 원화는 비기축 지역 화폐란 불편한 진실을 다시 한번 상기해야 합니다.

우리나라 물건의 수출이 잘되고 경상 수지 흑자가 커지면 원화는 강세가 됩니다. 그런데 수출이 잘된다는 것은 우리의 최대 수출처인 미국 경제 역시 잘 돌아가고 있다는 의미입니다. 즉 수출이 잘될 때는 미국 주식 시장이 강세입니다. 이럴 때 강해진 원화로 상대적 약세인 달러를 사면 미국 경제가 좋으므로 주가 상승을 기대할 수 있습니다. 미국 경제가 더 좋아져 달러 역시 강해지면 환차익을 누릴 수 있습니다.

미국 경기가 활황을 지나 침체되면 미국 주가는 하락합니다. 그러나 미국 경제가 강하게 침체되면 달러 스마일 이론에 따라 달러는 강해집니다. 즉 미국 주가가 빠져도 미국 주식을 달러로 가지고 있으면 환차익으로 주가 하락의 충격이 상쇄됩니다.

2022년 미국 주가가 33% 급락한 시기에 달러로 미국 주식을 산 투자자들은 달러 스마일 이론에 따른 환차익 효과로 인해 실제 주식 계좌 하락률이 생각보다 크지 않았던 것을 체험하였습니다.

배당금의 쿠션 효과와 달러 스마일 이론을 이해하셨다면, 환율 하락을 기다리면서 매수를 미루기보다는 지금 미국 주식을 사는 것이 이익이라는 사실을 명확하게 알게 되셨을 겁니다.

게다가 사족이지만 전 세계에서 똑똑하고 돈 많은 사람들이 줄 서서 이민 가는 나라, 이민으로만 1년에 인구가 300만 명씩 늘어나는 나라, 전 세계를 리드하는 글로벌 기업이 500개가 넘고 AI와 로봇, 자율 주행 분야에서 가장 앞서는 나라, 그리고 한국과 대만, 일본과 유럽의 기업들이 앞다투어 공장을 건설하는 나라, 국민들이 매월 주식 시장에 막대한 돈을 투자하고 있고, 주식 투자에 충분한 세제 혜택을 주고, 주가가 떨어지면 대통령이 나서서 주가 부양을 하는 나라가 바로 미국이고 그 나라의 화폐가 달러입니다.

달러 스마일 이론과 배당금을 생각해보면, 오를지 내릴지 알 수 없는 환율을 바라보며 미국 배당주 투자를 망설이는 것은 좋은 선택이 아닙니다. 달러 자산과 달러 배당 확보는 우리의 자산을 지키는 핵심적인 역할을 해줄 것 입니다.

22

회사 오래 다니기가 배당 투자의 승리 전략

회사 다니다 공황장애 올 뻔한 이야기

필자에게도 '파이어'는 항상 간절한 꿈이고, 희망이었습니다. 전 직장에서, 일을 지나치게 열심히 하는 CEO의 비서팀장으로 발탁되어 영혼이 탈탈 털렸습니다. CEO는 전화를 늦게 받으면 왜 늦게 받느냐고 화부터 낼 때도 있어 샤워할 때도 휴대폰을 옆에 놓았습니다. 발신자에 CEO 이름이 뜨면, 가슴이 덜컥 내려앉았습니다. 아침이 오는 게 너무 싫었고, 출근하다 '차라리 교통사고라도 났으면' 싶은 때가 여러 번이었습니다. 일요일 저녁이 되면 출근할 생각에 온 몸이 조여오는 것 같았고, 증상이 심해지면 숨이 안 쉬어지고 몸이 점점 마비되는 것 같았습니다. 갑자기 머리가 하얘지면서 손이 부들부들 떨리고, 현관문의 비밀번호조차 생각이 안 나서 주저앉아 문을 두드린 적도 있었습니다.

퇴사가 간절했지만 외벌이라 퇴사도 할 수 없었지요. 아침부터 쏟아내는 창의적 지시와 짜증, 툭툭 튀어나오는 막말에 질려서 헤드헌터에게 이력서를 많이도 보냈습니다. 그런데 헤드헌팅에도 머피의 법칙이 있나 봐요. 제가 직장 생활에 여유 있고 만족할 때는 이직하라고 그렇게 연락이 오더니, 막상 이직이 절실하니 아무런 반응이 없었던 거지요.

혹시라도 필자처럼 직장에서 상사나 동료 때문에 몸과 마음이 망가지는 힘든 순간을 겪고 있는 독자분이 계시다면 힘내라고 진심으로 응원을 드립니다. 스트레스가 극에 치달으면 간단한 덧셈 뺄셈도 안 되고, 심장이 조여오면서 몸이 마비되는 것 같고, 전화 벨소리에도 심장이 벌렁거립니다. 게다가 이런 상황에 절절매는 자신에 대한 실망과 자책이 나를 더욱 초라하게 만들곤 합니다. 그러나 그럼에도 누구 하나 챙겨주는 사람 없는 서럽고 무심한 곳이 회사입니다.

이걸 해결해주는 것은 결국 시간이더군요. 시간이 흘러 상사가 나가고 멍하게 버티다 보니 증세가 점차 사라지더라고요. 필자가 부끄러운 경험을 털어놓는 것은, 그럼에도 필자에겐 회사가 꼭 필요했다는 점을 알리고 싶기 때문입니다.

배당금은 최고의 악당 퇴치 부적

필자처럼 언제든 대체 가능한 평범한 직장인에게는 회사가 나를 필요로 하는 것이 아니라, 내가 회사를 필요로 한다는 것이 냉정한 현실입니다. 회사라는 전쟁터 밖은 지옥임을 직시하고, 쉽게 퇴사를 결정하면 안 됩니다.

필자는 회사란 나의 시간과 지식, 경험을 돈으로 바꿔주는 '환전소'라고 생각합니다. 이 사바세계에는 다양하고도 많은 환전소가 있습니다. 규모가 큰 곳은 에어컨도 잘 나오고 환경도 쾌적하며 환전율도 좋습니다. 반대로 규모가 작은 환전소는 환율도 형편없고, 환경도 고약합니다. 문제는 어떤 환전소를 가든 '또라이 질량 보존의 법칙'을 피할 수 없다는 점입니다. 다 같은 회사원이고 피차 서로 환전하러 나온 입장임에도 완장 차고 갑질하는 인간들이 넘칩니다. 필자가 경험했던 상사처럼 말입니다.

환전소에 서식하는 이런 '빌런'들을 완벽하게 퇴치하여 무력화시키는 확실한 부적이 바로 패시브 인컴(passive income)입니다. 패시브 인컴인 배당금이 늘어날수록 악당 퇴치 부적의 힘은 커지고 또라이 질량 보존의 법칙은 점점 무력화됩니다.

배당금이 쌓일수록 그 돈에는 이 사바세계의 빌런들에게 시달리지 않게 해주는 힘이 있음을 체험하게 되실 겁니다. '내가 환전소에 환전하러 가지 않아도 되겠구나'라는 마음이 커지고, 그럴수록 갑질에 대응할 여유가 생겨 상처받지 않게 됩니다. 부디 배당금이란 악당 퇴치 부적에 힘이 생길 때까지는 환전소에서 원화를 채굴하고 그 돈을 계속 배당 자산으로 교환하시기 바랍니다. 가능하다면 세후 월 배당금이 최저 생계비를 넘어갈 때까지는 회사에서 원화 채굴을 해야 합니다. 그래야 배당 투자에 성공합니다.

유튜브를 보면 많은 파이어족들이 자신들의 여유로운 삶을 홍보합니다. 그러나 어쩌면 이분들 중에는 진정한 파이어족이 아닌 이들이 있을 수도 있습니다. 그들의 포트폴리오를 보면 고배당 커버드 콜을 너무 많이 포함한 경우가 꽤 있습니다. 이런 포트폴리오는 장기적으로 배당 지속성과 주가 상승성 측면에서 위험을 내포하고 있고, 투자 성과가 만족스럽지 않을 수 있습니다.

게다가 많은 파이어족들이 실은 회사란 환전소에 가는 대신 자영업이란 환전상으로 전환했을 뿐인 경우도 많습니다. 주말에도 지방 강연 일정을 잡고, 유튜브 조회수와 댓글에 연연하고, 유료회원수에 목을 매며, 회사에 다닐 때보다 더 힘든 생활을 하는 것이지요. 월급쟁이는 연차도 있고 슬며시 농땡이를 치면서도 월급 덕분에 규칙적인 현금 흐름을 만들 수 있지만, 자영업을 하면 월급쟁이 같은 규칙적인 현금 흐름을 기대할 수 없습니다. 물론 한 번에 큰돈을 벌기도 하고 회사보다 자유도도 높지만, 결국 내 몸을 써서 돈을 버는 것은 완전한 파이어가 아닙니다. 오히려 더 큰 스트레스 수렁에 빠질 수 있습니다.

아무리 회사 생활이 힘들더라도 배당금을 재투자하여 완벽한 배당머신이 완성될 때까지 버티는 것이 중요합니다. 지금 당장의 배당 총액도 중요하지만, 일부 파이어족의 포트폴리오처럼 커버드 콜 ETF나 성장 가능성이 떨어지는 고배당주의 비중이 지나치게 높으면 지속 가능성이 떨어질 수 있습니다. 포트폴리오의 '질' 또한 고려한 배당머신을 만들어야 합니다. 배당금이 생활비의 130% 이상 되어 생활비와 배당 재투자가 가능해질 때까지는, 괴롭더라도 지긋지긋한 빌런들에게 견디며 환전소에서 원화를 채굴하시기 바랍니다.

20년 만에 50억 원 자산가가 된 버핏 타로

일본 베스트셀러 작가이자 실전 투자자인 버핏 타로는 20대 때부터 배당 재투자를 실천해 41세인 현재 약 6억 엔(53억 원)의 자산가가 되었다고 합니다. 버핏 타로는 일본 나고야에 사는데, 여전히 20대부터 거주했던 월셋집에 살고 있으며, 부동산 투자도 하지 않고 오직 배당주 투자만 하고 있습니다. 버핏 타로의 투자 방식은 아주 간단합니다. 필자가 몇 번이나 강조했던 것처럼 배당금을 계속 재투자하는 것입니다.

버핏 타로는 '돈이 돈을 낳는 자신만의 배당머신'을 만들기 위해 코카콜라, 존슨앤드존슨, 맥도날드, 알트리아, 필립모리스 같은 미국의 평범한 고배당주 10개 종목에 10% 비중으로 골고루 투자했습니다. 그리고 배당금이 나오면 해당 돈을 재투자해 배당머신을 계속 성장시켰습니다. 그는 이렇게 말한 바 있습니다.

"배당금을 받아 사는 주식은 공짜나 다름없어, 주가가 반 토막 나도 손해를 보는 건 아니니까 멘탈이 흔들리지 않습니다."

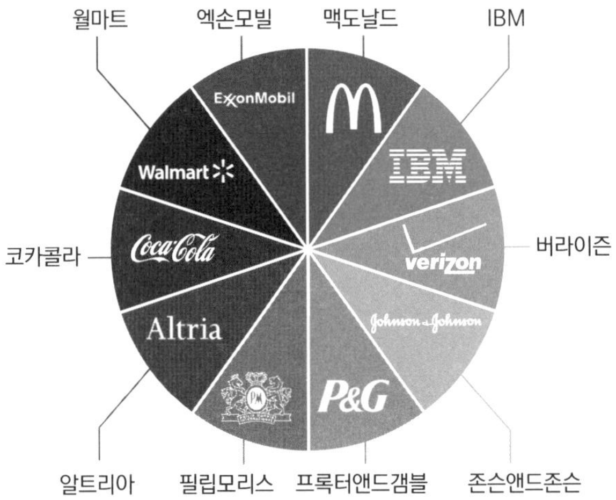

버핏타로의 배당머신(각 10%씩 균등 보유)

평범한 배당 투자로 6억 엔을 만든 버핏 타로도 하루아침에 돈을 번 게 아닙니다. 여전히 월셋집에 살면서 20년에 걸쳐 배당머신을 만든 것입니다.

환전소에서 채굴한 월급만으로는 빨리 부자가 될 수 없습니다. 그러나 규칙적으로 들어오는 돈의 힘은 강합니다. 우리는 빨리 부자가 되려는 욕심을 버리고, 버핏 타로처럼 환전소에서 채굴한 원화를 배당주에 투자해야 합니다.

『부의 속성』이란 책을 쓴 김승호 회장은 이런 말을 했습니다.

> **부자가 되려는 사람들이 가장 많이 하는 실수는 빨리 부자가 되려는 욕심이다.**

3부

배당 투자 실전 매매 방법

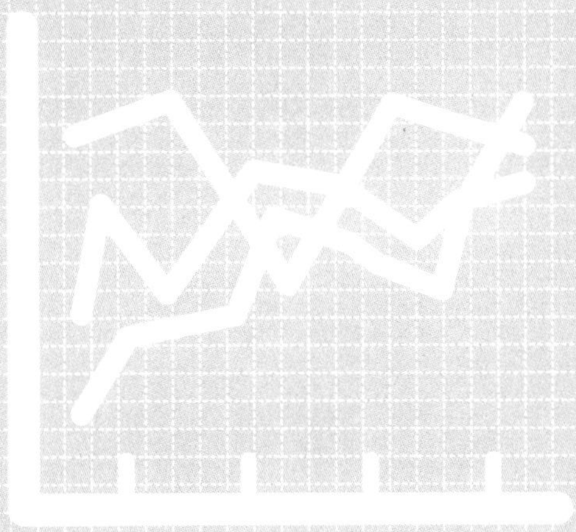

23

평생 써먹는 시세 파악 방법

코스톨라니의 달걀 모형

배당주 투자는 주가보다 수량에 집중하여야 합니다. 10주를 보유하여 주당 100원씩 배당받으면 배당금이 1,000원입니다. 그러나 1,000주를 투자하여 주당 10원씩 배당받으면 배당금은 10,000원이 됩니다. 따라서 배당 투자의 성공 요인은 주가가 아니라 수량으로 결정되니, 배당주 투자는 수량 늘리기가 중요합니다.

그럼에도 이왕이면 주식을 싸게 매수하는 것이 좋겠지요. 주가가 쌀 때 사면 배당률이 높아지기 때문에, 가능한 한 쌀 때 많이 사는 게 좋습니다. 따라서 주가가 언제 싸지고 언제 비싸지는지 알아두는 것은 배당 투자자에게도 중요한 공부입니다.

주식을 싸게 사는 법을 쉽게 알려준 위대한 주식 투자자로는 앙드레 코스톨라니가 있습니다. 코스톨라니는 자신의 책 『돈, 뜨겁게 사랑하고 차갑게 다루어라』에서 주식을 싸게 사는 법을 알려줍니다. 이른바 '코스톨라니의 달걀'이라는 모형인데, 하락과 상승 시 투자자의 대응 전략, 즉 시세를 파악해서 싸게 사는 법을 알려줍니다.

다음 그림이 코스톨라니의 달걀 모형입니다. 매수 시점은 하락의 끝(하락이 과장된 과매도 구간)과 상승 초입이고, 매도 시점은 상승의 끝(상승이 과장된 과매수 구간)과 하락 시작 구간이라는 게 코스톨라니 달걀 모형의 주장입니다. 이러한 시기를 결정하는 것은 금리(세로축)이며, 금리의 상승과 하락에 따라 매수, 매도 시기를 설명합니다(그러나 직관적으로 이해하기는 어렵지만, 금리 상승기에도 주가가 오르는 경우도 있습니다).

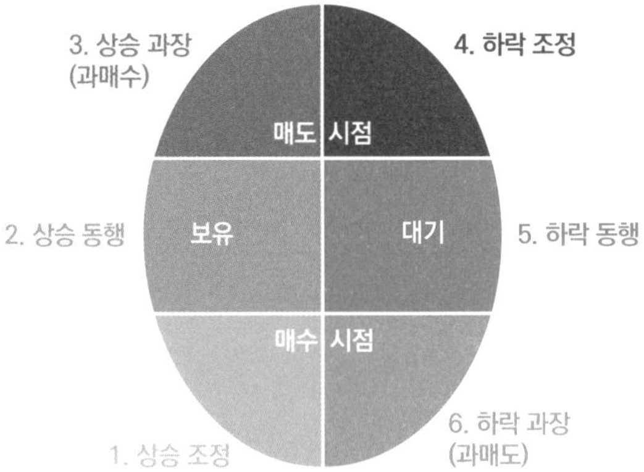

코스톨라니의 달걀 모형

20년 넘게 사용 중인 팔각형 벌집 모형

필자는 코스톨라니의 달걀 모형보다 더 이해하기 쉬운 시세 파악 도구를 사용하는데, 이걸 독자들에게 알려드리려고 합니다. 필자는 이 모형을 20년 넘게 사용하고 있습니다.

필자가 쓰고 있는 팔각형 벌집 모형은 가격과 거래량을 기준으로 한 시세 파악 모델로, 주식뿐만 아니라 부동산 시장에도 잘 맞습니다. 개념 정리만 정확하게 하면 평생 손쉽게 써먹을 수 있는 시세 파악 도구입니다. 이 벌집 모형을 통해 거래량과 가격을 보고 2021년 당시에 부동산이 고점이라고 판단하여 부동산을 매수하지 말라고 블로그에 여러 번 포스팅했습니다. 당시에는 부동산 폭락론자 혹은 무주택자의 배아픔이란 비아냥과 욕도 많이 먹었습니다. 그러나 결과적으로 보면 2021년 그 무렵이 고점이었고, 필자의 조언 덕분에 큰 도움이 되었다는 분들도 많았습니다.

이 팔각형 벌집 모형은 '주가는 거래량의 그림자이다'라는 주식 격언에 근원을 둡니다.

이 모형은 코스톨라니의 달걀 모형과도 비슷합니다. 그러나 코스톨라니의 달걀 모형이 매도, 매수 시점을 6개로 구분했다면 팔각형 벌집 모형은 매도, 매수 시점을 8개로 좀 더 세분화했고, 코스톨라니가 전혀 언급하지 않았던 거래량을 포함한 시세 파악 도구라 더 유용하게 쓰일 수 있습니다.

코스톨라니의 달걀 모형이 금리를 주요 변수로 본 거시적 대세 파악 도구라면, 이 팔각형 벌집 모형은 거래량과 주가에 초점을 둔 미시적 시세 파악 도구라고 이해하시면 됩니다.

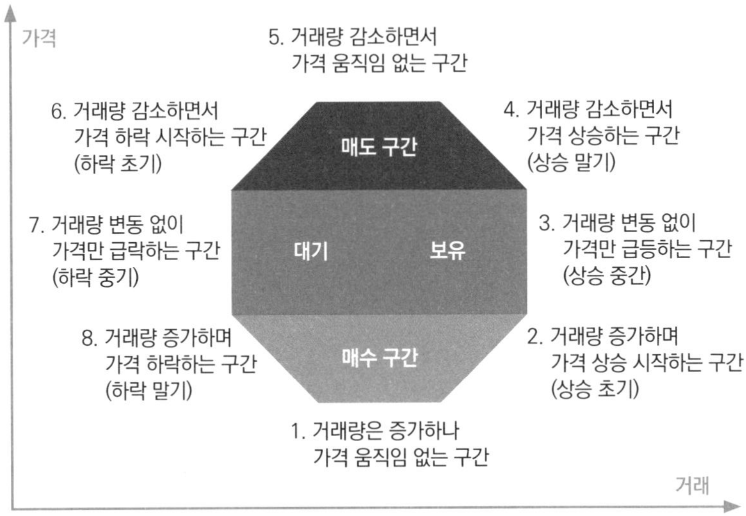

평생 시세 파악에 써먹은 팔각형 벌집 모형

> * 스마트 머니
> 고수익의 단기 차익을 노리고 장세에 따라 빠른 속도로 움직이는 자금을 일컫는 말.

가로축이 거래량, 세로축이 가격입니다.

1은 거래량이 조금씩 증가하지만 가격 변동은 없는 구간입니다. *스마트 머니(smart money)가 물량을 모아가는 매집 구간입니다(코스톨라니의 말에 따르면 '돈을 뜨겁게 사랑하는' 매수 구간).

2는 거래량과 가격이 동시에 천천히 증가하는 구간입니다. 스마트 머니의 매수 동향을 파악하고 빠르게 움직이는 패스트 팔로어(fast follower)가 매수에 동참하는 상승 초입입니다.

3은 거래량은 늘지 않으면서 가격이 급등하는 구간입니다. 뒤

늦게 분위기를 파악한 슬로우 팔로어(slow follower)가 올라타는 구간이며, 언론이 호들갑을 떨고 대중들이 뛰어드는 대세 상승 시기입니다.

4는 거래량은 줄지만 가격은 상승하는 구간입니다. 코스톨라니가 말한, '돈을 차갑게 다루어야 하는' 매도 구간입니다. 이 매도 구간에는 막차에 올라타는 '탐욕스러운 돼지(황소는 돈을 벌고 곰도 돈을 벌지만 돼지는 도살당한다는 주식 격언이 있지요)'가 등장하여 도살장으로 끌려가기 직전, 즉 주식 전문 용어로 '설거지당하는' 구간으로, 스마트 머니가 팔기 시작하는 구간입니다.

5는 가격은 오르지 않으나 거래량이 감소하는 구간으로, 조금 늦은 스마트 머니가 팔고 나가기 시작하는 구간입니다.

6은 가격과 거래량이 감소하는 구간으로, 낌새를 눈치 챈 패스트 팔로어들도 던지고 나가는 시기입니다.

7은 거래량은 늘지 않고 가격이 급락하는 구간입니다. 투매가 일어나는, 소위 떨어지는 칼날 구간이니 이때 성급하게 매수하다간 손에 피가 철철 흘러넘치게 됩니다.

8은 가격은 하락하지만 조금씩 거래량이 살아나는 구간으로, 이제 슬슬 매도가 아닌 매수를 염두에 두고 시장을 바라보아야 하는 시기입니다. 즉 떨어지는 칼날이 바닥에 꽂혀 휘청거리는 구간입니다. 빠른 스마트 머니들은 이때부터 매수하기도 하지만 안전한 매수 구간은 아니고, 확실히 바닥인지는 모르니 느긋하게 지켜보아야 할 때입니다.

거래량과 주가의 관계 모델인 팔각형 벌집 모형은 특정 종목의 주가나 주식 시장의 시세를 파악할 때 제법 잘 맞고 도움이 됩니다. 좀 더 세부적으로 설명을 드리면, 데이 트레이딩을 할 게 아니고 몇 달간 길게 보고 트레이딩을 하려면 일봉의 주가와 거래량보다는 주봉으로 큰 흐름을 파악하는 것이 좋습니다. 주가 차트에서 월봉은 너무 늦고 일봉은 너무 빠르며 속임수가 너무 많기 때문이지요. 이 점을 염두에 두고 거래량과 주가로 현재가 구간의 어디쯤인지 헤아려보고 매수와 매도 시점을 정하면 도움이 됩니다.

주식과 부동산에서 가장 중요한 것은 거래량입니다. 그래서 "세력도 거래량은 못 속인다"라는 말도 있습니다.

장기 배당 투자를 하더라도 시세를 보면서 매수 강도를 높일지, 낮출지를 정하여 유연하게 대응하면 좋습니다. 우리 배당 투자자는 꾸준히 분할 매수하기 때문에 주가에 민감할 필요는 없지만, 대중의 광기에 휩쓸려 막판에 급매수하다가 설거지당하거나, 좀 더 싸게 사겠다는 마음으로 떨어지는 칼날을 잡아 손에 피가 철철 넘치는 아픔을 겪어서는 안 될 것입니다.

24

피터 린치와 워런 버핏이 알려준 종목 고르는 지표 4가지

주식 투자자가 꼭 알아야 하는 기업 평가 지표

주식 시장에는 초보자가 알기 어려운 기업 평가 지표가 매우 많습니다. 이러한 지표가 투자에 도움이 되는 것은 사실이나 이것들을 다 공부하기는 어렵습니다. 또한 경제 지표나 종목 고르는 지표를 다 이해한다고 해서 주식 투자로 돈을 잘 버는 건 아닙니다. 경제 지표를 보고 주식 가치를 평가해 돈을 벌 수 있다면 경제학 박사가 최고 수익률을 올리겠지요. 하지만 그렇지 않은 것이 현실입니다.

4억 원으로 400억 원을 만든 카이스트의 김봉수 명예 교수는 화학과 출신입니다. 경제에 대해서는 경제학 교수보다 지식이 부족하겠지만 큰돈을 번 것을 보면 경제 관련 전문 지식이 주식 투자에 결정적인 요소는 아닌 듯합니다(다만 김봉수 교수는 주식 공부를 열심히 했다고 합니다. 경제, 주식 관련 책을 100권 이상 읽었다고 밝힌 바 있습니다).

김봉수 교수가 화학과 전공이니, 저도 여기에 은근슬쩍 숟가락을 얹어봅니다. 필자는 기계공학과 석사를 마치고 자동차 설계를 오래 하다가, IT쪽으로 전직하여 인터넷과 사이버 보안 관련 일을 했습니다. 필자도 경제와 주식에 문외한이었기 때문에 처음 주식 공부를 할 때는 학원까지 다니면서 관련 자격증을 취득하기도 했고, 회계나 재무 등의 분야도 공부했습니다.

책 중에서는 앙드레 코스톨라니의 『돈, 뜨겁게 사랑하고 차갑게 다루어라』, 피터 린치의 『전설로 떠나는 월가의 영웅』, 벤저민 그레이엄의 『현명한 투자자』를 열심히 읽었고, 아직 읽지 않았다면 독자 여러분도 읽어볼 필요가 있습니다.

필자는 3권의 책에 등장하는, 이것만은 이해하고 투자했으면 좋겠다 싶은 지표 4개를 쉽게 설명하려고 합니다.

피터 린치가 설명한 PER

PER(price earnings ratio)은 '퍼'라고도 하며 기업 가치를 평가하는 척도입니다. PER을 구하는 공식은 다음과 같습니다.

PER(주가 수익률) = 주가/주당 순이익

즉 주가가 1만 원인 기업의 한 주당 순이익이 1,000원이면, PER은 10,000÷1,000=10입니다. 기업이 다음 해에 돈을 많이 벌어 주당 순이익이 2,000원이 되었다면 PER은 10,000÷2,000으로 5가 됩니다.

피터 린치는 자신의 저서 『전설로 떠나는 월가의 영웅』에서 PER을 기업이 벌어들이는 순이익의 몇 년치에 해당하는 가치인가로 설명하고 있습니다. 필자도 피터 린치가 설명한 이 개념이 가장 이해하기 쉬웠습니다. 피터 린치식으로 설명하면, PER이 5라면 그 기업의 순이익 5년치를 모아야 해당 기업을 살 수 있다는 것입니다. 테슬라가 급등할 때 PER이 110인 적이 있었는데, 이는 테슬라의 순이익 110년치를 모아야 테슬라를 살 수 있다는 의미입니다. 이렇게 피터 린치식으로 PER을 이해하면 현재 주가가 싼지 비싼지를 직관적으로 이해할 수 있습니다.

필자는 PER이 50을 넘는 기업은 웬만하면 매수하지 않습니다. 순이익 50년을 모아야 그 기업을 살 정도면 지나치게 비싸다고 판단하기 때문입니다. 물론 PER로만 비싸다 싸다를 평가하면 엔비디아 같은 주도주를 놓칠수 있으니, 이것만으로 주가를 판단해서는 안 됩니다. 다만 확실하게 말할 수 있는 것은, 기업의 순이익이 매년 증가해 PER이 꾸준하게 낮아지는 주식에 관심을 가져야 합니다. 이런 종목들은 향후에 주도주가 되거나 텐 배거(ten bagger. 10배 이상 오른 종목)가 될 가능성을 가지고 있기 때문입니다.

워런 버핏이 가장 중요하게 본 영업이익

영업이익은 회사가 장사를 얼마나 잘했는지 알 수 있는 지표입니다. 영업이익과 순이익의 관계는 다음 그림과 같습니다.

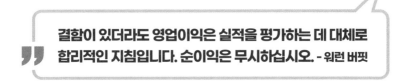

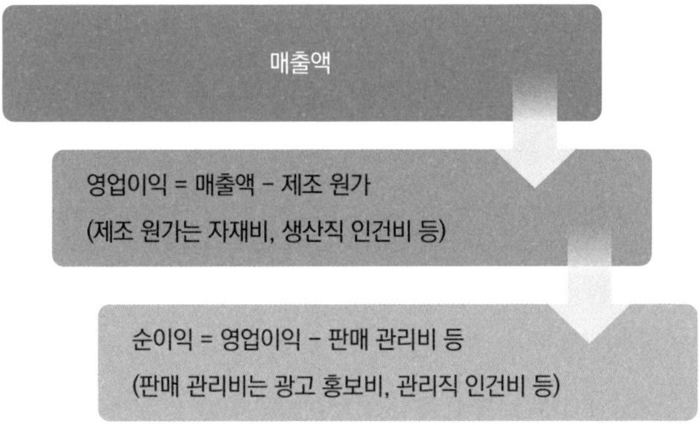

| 영업이익과 순이익의 관계 |

워런 버핏은 매년 주주에게 보내는 주주 서한에서 순이익보다 영업이익을 중시한다고 밝혔습니다. 언론에서는 순이익을 중요하게 여기지만, 자신이 언론의 비위를 맞추려고 마음만 먹으면 코카콜라의 주식을 조금만 팔아도 매년 얼마든지 순이익을 만들어낼 수 있다는 것입니다. 그러나 그렇게 하지 않았다면서 영업이익의 중요성을 강조했습니다.

> **결함이 있더라도 영업이익은 실적을 평가하는 데 대체로 합리적인 지침입니다. 순이익은 무시하십시오. - 워런 버핏**

영업이익에서 중요한 것은 한 해의 실적이 아니라 추세적 경향입니다. 몇 년 동안, 혹은 몇 분기 동안 계속해서 영업이익과 영업이익률이 증가한다면 최고의 주식이 될 수 있습니다. 애플과 마이크로소프트의 영업이익률은 40% 전후이고, 엔비디아의 2024년 1분기 영업이익률은 70%에 달했습니다. 삼성전자의 파운드리 경쟁사 TSMC의 영업이익률도 40%가 넘습니다. 그러나 삼성전자의 영업이익률은 아주 좋을 때도 15% 정도이고, 그 외 코스피 대기업들의 영업이익률은 10%가 안 되는 경우가 많습니다.

배당 투자자에게 배당의 원천은 순이익이지만, 순이익도 결국 영업이익에서 나오는 만큼 영업이익과 영업이익률이 매년 좋아지는 기업, 영업이익률이 꾸준히 30% 이상을 유지하는 기업이야말로 우리가 보유해야 할 좋은 배당주입니다.

워런 버핏이 경영진을 평가할 때 보는 ROE

ROE(return on equity)는 '자기 자본 이익률'입니다다. 워런 버핏은 ROE가 경영진의 능력을 평가하는 기준이라고 했는데, 무슨 뜻인지 쉽게 이해해봅시다.

A와 B가 각각 1억씩을 가지고 식당을 세워 1년 후에 A는 1000만 원, B는 2000만 원의 순이익을 냈다면 A와 B 중 누가 장사를 잘한 걸까요? 당연히 B겠지요.

이를 확인하는 지표가 ROE입니다. ROE의 계산 방법은 다음과 같습니다.

ROE = 당기 순이익 / 자기 자본

A의 순이익 1000만 원을 자본금 1억으로 나누어 보면 10%로, A의 ROE는 10%입니다. B의 ROE는 20%입니다. 이렇게 ROE를 비교해보면 B가 A보다 장사를 2배 잘했다는 것을 한눈에 알 수 있습니다.

B가 A보다 장사 수완이 좋았는지, 원가와 물류 관리를 효율적으로 했는지, 직원들을 효과적으로 관리했는지 등은 재무제표를 살펴봐야 알겠지만, ROE 지표만으로도 일단 회사의 경영 효율을 파악할 수 있습니다.

워런 버핏은 ROE가 15% 이상인 기업에 관심을 가졌고, ROE가 25% 이상인 기업은 투자하기 매우 좋은 기업이라고 했습니다. 당연히 1년치의 ROE만 보면 안 되겠죠. 워런 버핏은 3년 평균치를 살펴보는데, 실제로 버핏이 투자하는 기업의 ROE는 25%가 넘습니다.

글로벌 기업의 ROE는 30% 이상인 경우가 많습니다. 애플은 자사주 소각을 계속해 2022년에 ROE가 160%를 넘었고, TSMC의 ROE 역시 30%가 넘습니다. 워런 버핏이 애플과 TSMC에 투자했던 것은 이러한 ROE에 대해 검토했기 때문일 겁니다(TSMC는 지정학적 이유로 매도했고, 이후 TSMC 주가는 급등했지만요).

우리나라 주식시장의 시가 총액 30위에 드는 기업 중 ROE가

25% 이상인 기업은 한미반도체와 메리츠금융지주 딱 2개입니다(한미반도체 55.54%, 메리츠금융지주 28.11%). 워런 버핏의 기준에 따르면 한국에는 투자할 만한 기업이 2개뿐인 것입니다(이것도 1년치만을 기준으로 해서).

한국 코스피 상위 30개 기업의 ROE와 글로벌 기업의 ROE를 비교해보면, 한국 기업들의 경영 효율이 매우 낮고 자사주 소각 등을 통한 주주 환원을 하지 않는다는 것을 알 수 있습니다(애플은 매년 80조에서 100조 정도의 돈을 들여 자사주를 소각합니다).

코스피 시총 30위 기업들의 PER과 ROE(2024년 5월 31일 종가 기준)

	종목명	PER	ROE
1	삼성전자	25.35	4.15
2	SK하이닉스	-29.86	-15.61
3	LG에너지솔루션	105.21	6.36
4	현대차	5.84	13.68
5	삼성바이오로직스	58.03	9.12
6	삼성전자우	20.8	N/A
7	기아	5	20.44
8	셀트리온	74.03	5.07
9	KB금융	6.94	8.44
10	POSCO홀딩스	20.63	3.18
11	NAVER	18.95	4.41
12	삼성SDI	14.3	11.48
13	LG화학	27.51	4.2
14	삼성물산	11.15	7.28
15	신한지주	5.61	8.36
16	현대모비스	5.86	8.73
17	포스코퓨처엠	390.19	1.19
18	카카오	-18.94	-10.26

	종목명	PER	ROE
19	하나금융지주	5.31	9.01
20	LG전자	26.45	3.69
21	삼성생명	8.9	4.95
22	삼성화재	9.69	12.73
23	한미반도체	77.29	55.54
24	메리츠금융지주	7.34	28.11
25	두산에너빌리티	102.46	0.78
26	SK	-17.52	-3.67
27	LG	11.31	4.89
28	한국전력	18.21	-12.63
29	HMM	8.92	4.59
30	크래프톤	17.89	11.16

코스톨라니가 언급한 쌍봉과 쌍바닥

코스톨라니는 자신의 저서에서 차트 투자자를 두고 "차트 투자자들은 주가의 비밀을 알아냈다며 큰소리치지만, 대부분의 차트 숭배자들은 새벽에 돈을 구걸하러 다닌다"라고 묘사합니다.

하지만 이런 코스톨라니도 가끔씩은 차트를 참조했는데, 그가 눈여겨본 차트는 2개로 '쌍봉(double top)'과 '쌍바닥(double bottom)'이라고 합니다. 쌍봉은 주가 상승 마지막 단계에 나타나는 고점 붕괴 신호로, '낙타형' 혹은 'M자 패턴'이라고도 합니다. 오른쪽 봉이 낮고 거래량이 줄어드는 패턴이 나오면 더 크게 하락할 확률이 높습니다.

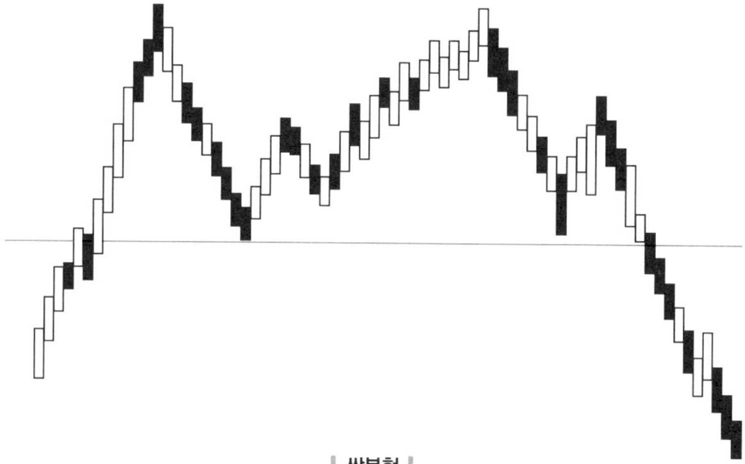

‖ 쌍봉형 ‖

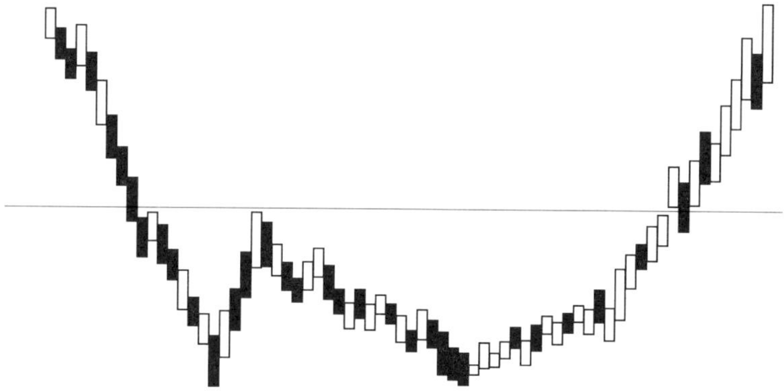

‖ 쌍바닥형 ‖

반대로 쌍바닥은 하락장 끝에서 나타나는 형태로, '이중 바닥'이라고도 합니다. 마찬가지로 두 번째 바닥의 저점이 첫 번째보다 높고 거래량이 증가하는 패턴이 나오면 더 확실한 바닥 탈출 신호로 봅니다.

이로써 피터 린치, 워런 버핏, 코스톨라니 같은 대가들이 언급한 주요 지표 4개를 설명해보았습니다.

주식 투자에는 많은 지식이 아니라, 흔들리지 않는 지혜와 뚝심이 더 중요합니다. 때문에 우리 배당 투자자에게는 많은 경제 지식이 필요 없습니다.

> **베타, 효율적 시장 가설, 현대 포트폴리오 이론, 옵션 가격 결정, 신흥 시장 등을 몰라도 투자에 성공할 수 있다. 사실은 이런 것들을 전혀 모르는 편이 나을 수 있다.**
>
> **- 워런 버핏**

1) 3년 평균 ROE가 25% 이상인 기업

2) 영업이익률이 30% 이상이고 매년 증가하는 기업

3) PER이 지나치게 높지 않고 매년 낮아지는 기업

우리 배당 투자자들도 복잡한 경제 지표나 이론은 멀리하고, 투자의 구루들이 알려준 3개의 방법을 가지고 종목을 발굴하는 데 집중하는 것이 좋습니다. 물론 이런 기업들을 운 좋게, 가격이 싼 쌍바닥에서 찾아낸다면 더할 나위 없이 좋을 겁니다. 매년 수익을 잘 내고(영업이익률이 높고), 주주 환원 잘하는(ROE 높은) 좋은 배당주를 꾸준하게 모아가는 것이 우리의 투자 목표여야 합니다.

25

초보자도 따라 하는 현실적인 배당 투자 방법

배당 투자에 마법의 공식은 없다

배당 투자, 어떻게 하면 좋을까요? 누구나 성공할 수 있는 배당 투자의 비결은 무엇일까요?

먼저 사실을 말씀드리면, 100% 확실한 마법의 공식이나 법칙은 없습니다. 물론 과거부터 현재까지 주식 시장에는 확실한 마법의 법칙을 알고 있다거나, 공식을 찾아냈다는 현자들이 나타나곤 합니다. 혜성같이 등장해 언론의 스포트라이트를 받고 많은 투자자의 눈과 귀를 사로잡지만, 그들 중 오랫동안 시장에서 살아남은 사람은 단연코 없습니다. 어느 순간 소리 소문 없이 조용히 사라져버립니다.

만약 주식 투자에서 무조건 성공할 수 있는 마법의 법칙이나 공식을 아는데 그걸 대중에게 공개하는 바보가 있을까요? 자신의 직계 가족에게만 은밀하게 전수하여 대대로 부자로 살려고 하지 않겠습니까? 그럼에도 언론의 주목을 받아 명성을 얻고 그걸 바탕으로 강의료와 인세를 노리는 것을 보면, 단언컨대 그 누구도 주식 투자에 100% 성공하는 마법의 공식이나 법칙을 알고 있지 않다고 말할 수 있습니다.

투자의 전설 워런 버핏도 "우리가 성공한 이유는 복잡한 시스템이나 마법의 공식을 사용해서가 아니다. 우리가 가진 단순함 그 자체이다"라고 말했습니다. 버크셔 헤서웨이의 설계자라고 존경받았던 찰리 멍거 역시 "마법의 공식은 없다. 우리는 사업, 인간 본성, 숫자에 대해 많이 알아야 한다. 마법의 시스템이 모든 것을 해결해주리라고 기대하는 것은 비합리적이다"라고 말했습니다.

따라서 필자도 마법의 공식을 알지 못하고 모르는 것을 알려드릴 수는 없습니다. 다만 누구나 따라 할 수 있는 현실적인 매매 방법을 소개할 뿐입니다. 이 책에서 소개한 배당 투자법 역시 100% 옳다고 할 수 없습니다. 그저 국장에서 단타 전문으로 치고 박고 깨지던 필자가 배당 투자자로 개과천선하면서, 심 봉사가 눈 뜨듯 배당 투자라는 신세계를 경험하면서 알게 된 매매 방법입니다. 여기에는 '아, 진작 이렇게 할걸. 왜 이걸 하루라도 일찍 시작 못 했을까?' 하는 저의 후회와 자책이 담겨 있습니다. 이 책을 통해 독자들이 배당 투자법을 이해한다면 그걸로 저는 충분하다고 봅니다. 독자들도 투자를 지속해나가다 보면 어느 순간 자신만의 깨달음을 얻을 것이고, 그런 과정을 통해 주식이란 강호

무림 세계에서 초절정 고수로 성장해나갈 것입니다. 필자의 방법은 강호에 출두하면서 꼭 알아야 할 기초 심법(心法) 정도로 이해하시면 좋겠습니다.

배당 종목 고르는 기준

앞 장에서 말한 돈을 잘 벌어서 PER이 계속 낮아지고, 영업이익률이 30% 이상이며, ROE가 계속 증가하는 기업은 대부분 성장주인 경우가 많습니다. 성장주이면서 배당주인 마이크로소프트나 애플, 알파벳 같은 회사가 여기에 해당됩니다. 그러나 이들의 단점은 배당률이 1%가 안 된다는 것입니다. 배당금이란 금전적 보상 효과를 누리기에는 20%쯤 허전합니다. 이렇게 만족스럽지 못한 보상 효과가 지속되면 배당 투자를 포기할 위험이 있습니다.

그래서 배당 투자를 할 때는 3가지 지표를 갖춘 주도주에도 투자를 해야 하지만, 금전적인 보상 효과를 체험할 수 있을 정도의 배당주에 같이 투자해야 시장에서 오래 버티고 이길 수 있습니다. 이러한 배당주를 고르는 기준은 생각보다 간단합니다.

배당주를 고르는 첫 번째 기준은 대형주 중에서 배당을 지속하는 주식입니다. 아무리 경기 침체가 극심해져도 안 망할 사업 모델을 가진 제약주, 통신주, 유틸리티(전기, 폐기물 처리, 물), 필수 소비재 기업은 배당 투자에 적합한 종목입니다. 아무리 경기가 어렵다 해도 자녀에게 코카콜라 한 병은 사줄 수 있고, 아무리 힘들어도 물과 전기는 써야 하고 폐기물은 발생합니다. 경기 침체가 왔다고 약을 안 먹거나 전화를 끊을 수는 없습니다. 이러한 종목들은 웬만해선 망하지 않으며, 오랜 기간 배당을 늘려주고 있습니다. 따라서 우리 배당 투자자들은 투자 자산의 일부를 이러한 안정적인 배당주에 투자해야 합니다.

미국 주식 시장에는 2024년 5월 기준으로 50년 연속 배당을 늘려온 배당 킹 기업이 무려 51개나 됩니다. 70년대의 엄청난 인플레이션과 스태그플레이션, 블랙 먼데이, 닷컴 버블 붕괴, 2008년 금융 위기, 팬데믹 등에서도 배당을 줄이지 않고 꾸준하게 늘려온 것입니다. 비록 엔비디아처럼 주가가 급등하지는 않지만, 이런 주식들은 경기가 나빠도 꾸준하게 배당을 늘려줍니다. 이런 종목은 포트폴리오의 변동성을 줄여주어 마음 편히 투자를 지속하는 데 큰 힘이 됩니다.

또한 미국에는 25년 연속 배당을 증가시킨 배당 귀족주도 많고, 10년 이상 배당을 늘려온 기업들은 모래알처럼 많습니다. 배당 투자자에게 미국 주식 시장은 물 반 고기 반 같은 황금 어장입니다.

미국 배당 킹 종목(2024년 5월 기준)

순위	품목	섹터	배당 연속 증가 연수	비고
1	AMERICAN STATES WATER (NYSE:AWR)	유틸리티	69	
2	DOVER CORPORATION (NYSE:DOV)	산업	68	

순위	품목	섹터	배당 연속 증가 연수	비고
3	NORTHWEST NATURAL (NYSE:NWN)	유틸리티	68	
4	GENUINE PARTS (NYSE:GPC)	소비재	68	
5	PARKER HANNIFIN (NYSE:PH)	산업	68	
6	PROCTER & GAMBLE (NYSE:PG)	소비재	68	
7	EMERSON ELECTRIC (NYSE:EMR)	산업	67	
8	CINCINNATI FINANCIAL (NYSE:CINF)	금융	63	
9	COCA-COLA (NYSE:KO)	소비재	62	
10	JOHNSON & JOHNSON (NYSE:JNJ)	건강	62	
11	KENVUE (NYSE:KVUE)	소비재	61	
12	LANCASTER COLONY (NASDAQ:LANC)	소비재	61	
13	COLGATE-PALMOLIVE (NYSE:CL)	소비재	61	
14	NORDSON (NASDAQ:NDSN)	산업	60	
15	HORMEL FOODS (NYSE:HRL)	소비재	58	
16	ABM INDUSTRIES (NYSE:ABM)	산업	57	
17	CALIFORNIA WATER SERVICE (NYSE:CWT)	유틸리티	57	
18	FEDERAL REALTY INVESTMENT (NYSE:FRT)	리츠	56	
19	STANLEY BLACK & DECKER (NYSE:SWK)	산업	56	
20	COMMERCE BANCSHARES (NASDAQ:CBSH)	금융	56	
21	SJW GROUP (NYSE:SJW)	유틸리티	56	
22	STEPAN (NYSE:SCL)	산업	56	
23	H.B. FULLER (NYSE:FUL)	소재	55	
24	SYSCO (NYSE:SYY)	소비재	55	
25	ALTRIA GROUP (NYSE:MO)	소비재	54	
26	MSA SAFETY (NYSE:MSA)	산업	54	
27	BLACK HILLS CORP. (NYSE:BKH)	유틸리티	54	
28	ILLINOIS TOOL WORKS (NYSE:ITW)	산업	53	
29	NATIONAL FUEL GAS (NYSE:NFG)	에너지	53	
30	UNIVERSAL CORPORATION (NYSE:UVV)	소비재	53	

순위	품목	섹터	배당 연속 증가 연수	비고
31	W.W. GRAINGER (NYSE:GWW)	산업	53	
32	ABBVIE (NYSE:ABBV)	헬스케어	52	분사 포함
33	BECTON, DICKINSON & CO. (NYSE:BDX)	헬스케어	52	
34	PPG INDUSTRIES (NYSE:PPG)	산업	52	
35	TARGET (NYSE:TGT)	소비재	52	
36	TENNANT (NYSE:TNC)	산업	52	
37	ABBOTT LABS (NYSE:ABT)	헬스케어	52	
38	KIMBERLY CLARK (NYSE:KMB)	소비재	52	
39	PEPSICO (NASDAQ:PEP)	소비재	52	
40	LOWE'S (NYSE:LOW)	소비재	51	
41	NUCOR (NYSE:NUE)	산업	51	
42	THE GORMAN-RUPP COMPANY (NYSE:GRC)	산업	51	
43	TOOTSIE ROLL INDUSTRIES (NYSE:TR)	소비재	51	해석 차이 있음
44	ADM (NYSE:ADM)	산업	51	
45	S&P GLOBAL (NYSE:SPGI)	금융	51	
46	WAL-MART (NYSE:WMT)	소비재	51	
47	CONSOLIDATED EDISON (NYSE:ED)	유틸리티	50	
48	FORTIS INC. (NYSE:FTS)	유틸리티	50	
49	MIDDLESEX WATER (NYSE:MSEX)	유틸리티	50	
50	RPM INTERNATIONAL (NYSE:RPM)	산업	50	
51	UNITED BANKSHARES (NYSE:UBSI)	소비재	50	

배당주를 고르는 두 번째 기준은 배당 성장률입니다. 배당주 투자를 할 때는 3% 이상 배당을 주는지 배당률도 중요합니다. 그러나 이 배당률 못지 않게 중요한 지표가 매년 배당을 얼마나 늘려주느냐

하는 배당 성장률입니다. 왜냐하면 배당금이 매년 올라야 인플레이션을 이길 수 있기 때문입니다. 대한민국의 환전소(직장)는 극히 야박하여, 1년에 5% 이상 환전율(월급)을 올려주는 곳이 많지 않습니다. 그러나 미국 주식 시장에는 매년 10% 이상씩 배당을 올려주는 알토란 같은 배당 성장주들이 많습니다.

다음 표에서 선정한 배당 성장주들은 한국 투자자에게도 매우 인기가 높은 종목들입니다.

따라서 배당률과 배당 성장률을 꼭 같이 보고 함께 고려해서 투자해야 합니다.

배당 성장률 우수 종목(2024년 5월 기준)

순위	종목	배당률	배당성장률
1	MSCI Inc. (MSCI)	1.3%	27.1%
2	The Hershey Company (HSY)	2.8%	19.4%
3	Target Corporation (TGT)	3%	17.4%
4	Domino's Pizza Inc. (DPZ)	1.2%	17.1%
5	Marsh & McLennan Companies (MMC)	1.4%	15.2%
6	Automatic Data Processing (ADP)	2.3%	14.6%
7	UnitedHealth Group Incorporated (UNH)	1.6%	14.6%
8	ITT Inc. (ITT)	1%	13.2%
9	Elevance Health, Inc. (ELV)	1.3%	13%
10	Booz Allen Hamilton Holding (BAH)	1.3%	11.3%

우리나라 주식은 배당에 대한 정보를 필요로 하는 투자자가 별로 없어서인지 배당 성장률 정보를 찾기 어렵고, 투자자가 일일

이 계산해야 합니다. 그러나 미국 주식은 여러 사이트에서 필요한 모든 배당 정보를 무료로 얻을 수 있습니다.

배당주를 고르는 세 번째 기준은 3% 이상의 배당률을 갖고 있고 ROE와 영업이익률이 증가하는 주식입니다.

3% 이상 배당을 주고 영업이익률과 ROE가 증가하는 배당주는 그렇게 많지 않습니다만, 이런 기업을 찾아서 장기로 보유하면 커다란 시세 차익과 막대한 배당금 증가란 두 마리 토끼를 잡을 수 있습니다. ROE와 영업이익률이 높고 배당률이 3% 이상인 주식은 소장용으로 생각하고 영원히 보유하는 것이 좋은 투자 방법입니다.

제일 좋은 배당주는 ROE와 PER 기준을 만족하고 배당도 잘 주는 기업인데, 워런 버핏이 말한 "10년을 보유할 주식이 아니면 10분도 보유하지 말아라"에 해당하는 그런 기업일 것입니다. 버핏이 보유한 코카콜라는 배당 킹 주식이고, 애플은 ROE와 영업이익률이 최고 수준인 주식입니다. 우리가 평생 반려자를 고르는 마음으로 신중하게 배당주를 고른다면 배당 투자의 50%는 이미 성공한 것이나 다름없습니다.

종목 고르기가 어렵다면 ETF 3개를 평생 모아가자

배당 투자에서 좋은 배당주를 만나는 것은 쉬운 일이 아니고, 또 운이 좋게 그런 종목을 찾는다 하더라도 투자자가 10년 이상

장기적으로 보유하기란 더더욱 어려운 일입니다. 그래서 주식 투자가 어렵습니다. 워런 버핏이 다음과 같은 말을 한 것은 그래서일 겁니다.

> **내가 죽고 나면 전 재산의 90%는 S&P500 지수에, 10%는 미국 재무부 채권에 투자하라.**

필자에게는 20대 초반의 열성팬이 있습니다. 제 아들이지요. 이 책을 쓰게 동기를 주었고, 내용을 감수하고 응원도 해준 20대 초반의 1년차 직장인입니다. 저에게 가스라이팅을 많이 당한 초보 투자자인데, "미국 주식을 하고는 싶지만 주식 공부는 싫은데 어떻게 하면 좋을까요?"라고 묻길래 이렇게 답을 해줬습니다.

'월급 전부를 미국 주식에 올인하면 투자를 길게 못 한다. 주식 투자는 장거리 경주로 생각하고 인생을 즐기면서 해야 오래 할 수 있다. 월급의 50%는 미국 주식에 투자하고, 20%는 예금을 하고, 30%는 인생을 즐기는 데 쓰라. 30%를 가지고 1년에 2번씩은 해외에 나가 시야도 넓히고 인생도 즐겨라.'

또한 주식 투자를 오래하기 위해서는 환전소(회사)에서 환전율을 높이도록 노력해야 하므로 책을 많이 읽고, 웃는 얼굴로 먼저 인사하고, 모르면 묻고 확인하고, 일은 열심히 하고, 어떠한 경우에도 환전소에서 남 험담하지 말라고 말해줬습니다. 이 4가지만 지키면 중간 이상은 가 환전소에서 퇴출당하지 않고 오래 다니니까요.

또 3가지 ETF를 찍어주며 이 3개를 평생 모아가라고 했습니다. 첫 번째가 S&P500 지수를 추종하는 SPLG, 두 번째가 나스닥100 지수를 추종하는 QQQM, 세 번째가 다우존스 배당 지수를 추종하는 SCHD입니다. 이 3개에 투자하면서 주가는 신경 쓰지 말고, 오직 수량 늘리기에만 집중하라고 했습니다.

SPLG는 SPY와 같은 회사에서 같은 방식으로 운영하지만 주가도 싸고 수수료도 저렴합니다. QQQM 또한 QQQ와 똑같은 회사에서 운영하지만 역시 주가와 수수료가 약간 싸서 사회 초년생이나 MZ 세대가 부담 없이 모아가기 좋은 ETF입니다. SCHD는 보유 종목 선정 절차와 방법이 괜찮아 믿고 장기로 보유할 만한 배당 성장 ETF입니다.

필자는 QQQM과 SPLG, SCHD에 4:4:2의 비율로 투자하길 권했는데, 이 경우에 투자 성과를 백테스트해보겠습니다.

	포트폴리오 1 (성장 중시)	포트폴리오 2 (안정 중시)	포트폴리오 3 (배당 중시)
QQQM	60%	40%	30%
SPLG	30%	40%	30%
SCHD	10%	20%	40%

이 포트폴리오들을 S&P500 지수를 추종하는 SPY ETF와 비교해보겠습니다. 배당금을 재투자하는 조건이며, 비교 기간은 2021년 1월부터 2024년 5월까지입니다. 백테스트 결과, 해당 포트폴리오

들 간의 차이는 그렇게 크지 않은 것으로 나타났습니다.

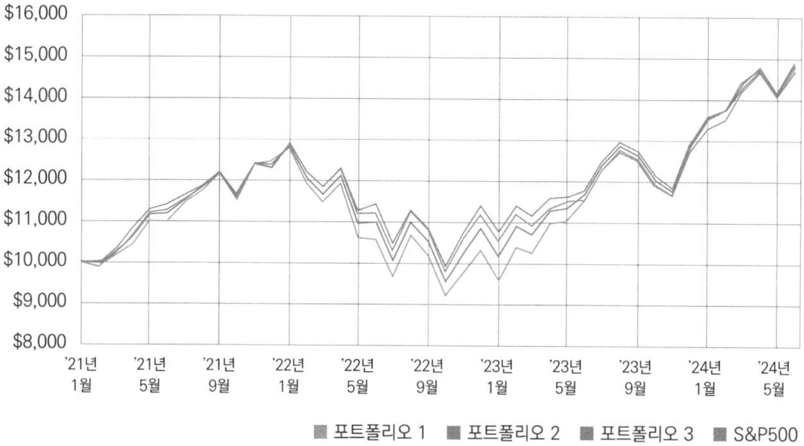

백테스트 결과

나스닥을 추종하는 QQQM의 비중이 클수록 최대 하락 폭이 컸고 연평균 성장률은 높았습니다. SCHD 비중이 높을수록 최대 하락 폭이 적었고 성장률은 낮았습니다. 다음이 테스트 결과입니다.

	벤치마크 (S&P500)	포트폴리오 1 (성장 중시)	포트폴리오 2 (안정 중시)	포트폴리오 3 (배당 중시)
QQQM	0%	60%	40%	30%
SPLG	100%	30%	40%	30%
SCHD	0%	10%	20%	40%
최종 수익(달러)	14,976	14,895	14,849	14,684
연평균 성장률	12.15%	12.37%	12.27%	11.97%
최대 하락률	-23.96%	-28.19%	-25.66%	-23.17%

투자 가능 기간이 30년 이상이라면 공격적으로 QQQM 비중을 키워 수익률을 높이고, 10년 미만이라면 방어적으로 SCHD 비중을 높이면 목적하는 투자 성과를 충분히 달성할 수 있을 것입니다. 미국 주식에 투자는 하고 싶지만 개별주는 무섭고 어려워서 못 하겠다는 투자자라면 QQQM, SPLG, SCHD 3개 ETF에 분산 투자하십시오. 장기적으로 볼 때 상위 10% 안에 드는 훌륭한 성과를 얻을 수 있습니다.

투자와 트레이딩을 구별해야 매수, 매도 시점을 안다

주식 투자에서 가장 중요한 것이 매수 종목 선정일 겁니다. 10년 이상 보유할 결심으로 적자 안 나고 배당 잘 주고, 영업이익률과 ROE가 계속 상승하는 기업을 고른다면 10년이 아니라 반려 주식으로 평생을 보유해도 실망하지 않을 것입니다.

가장 좋은 주식 매수 시점은 시장이 피바다가 되어 모두가 공포에 질려 팔고 싶어 안달이 나 있을 때입니다. 주식 고수뿐만 아니라 초보도 다 아는 매수 타이밍이지요.

그래서 유튜브와 블로그의 많은 주식 투자자들은 '다음에 주식이 폭락하면 집을 팔아서라도 매수하겠다'라며 최고의 사냥꾼 같은 내공을 뿜어냅니다. 그러나 실제로는 주식이 5%만 하락해도 의견이 둘로 나뉩니다. 일시적 조정이니 추매할 기회라는 주전파(主戰派)와 지금 매도하고 항복해야 한다는 주화파(主和派)가 나타납니다. 물론 이때까지만 해도 당연히 주전파가 대세를 이룹니다. 하지만 그러다 주가가 10%쯤 하락하면 어느새 주전파와 주화파의 비율이 반반이 됩니다. 주가가 20%쯤 하락하면 주전파는 객기나 부리고 분위기 파악 못 하는 소수파로 전락하고, 대세는 주화파가 장악합니다. 주가가 30%쯤 하락하면 주화파조차도 사라지고 썰렁해지는 것이 주식판 돌아가는 모습입니다.

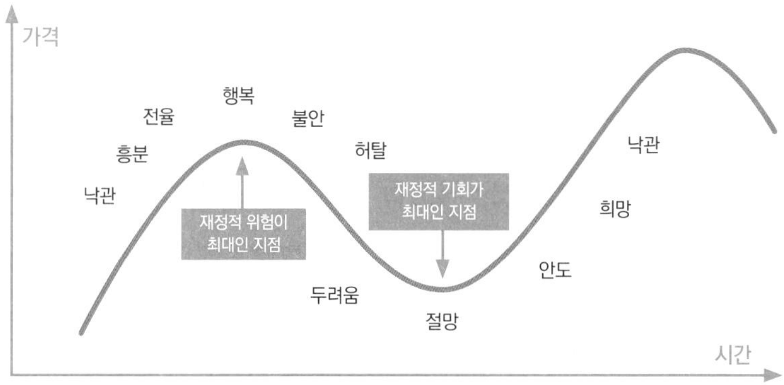

주식 시장 환희와 절망의 사이클

이렇듯 주식의 매수, 매도 타이밍을 잡는 것은 이론과 달리 어렵습니다. 따라서 매수와 매도 시점은 욕심과 두려움의 중간 사이인 것이 일반적으로 가장 무난합니다. '무릎에 사서 어깨에 팔아라'라는 격언을 따르는 것인데, 이 내용을 잘 해석해야 합니다.

무릎에서 사라는 것은 내려가는 무릎이 아니라 바닥을 확인하고 올라오는 무릎에서 사라는 뜻입니다. 왜냐하면 하락할 때는 바닥을 알 수가 없어 자칫 지하 1층, 지하 2층으로 한없이 내려갈 수 있기 때문입니다. 바닥을 찍고 올라오는 무릎에서 사야 합니다. 떨어지는 칼날을 잡지 말고, 칼날이 바닥에 꽂힌 것을 확인한 뒤 그 손잡이를 잡아야 합니다.

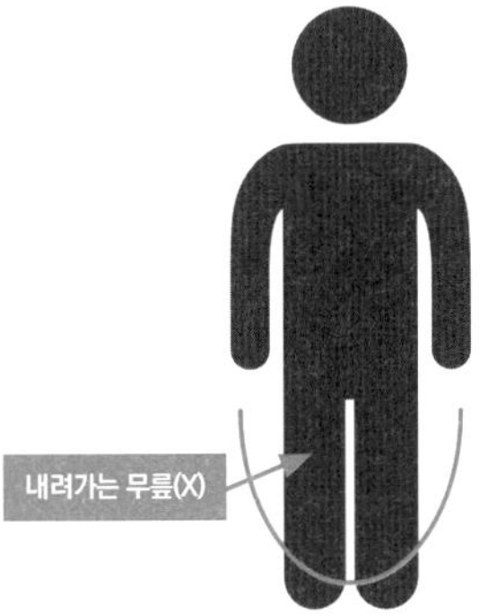

내려가는 무릎에서 사라는 게 아님

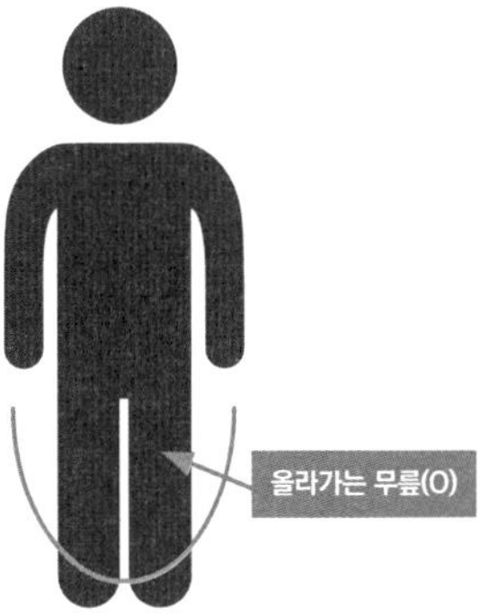

매수는 올라가는 무릎에서

매도 시점도 올라가는 어깨가 아니라 내려오는 어깨입니다. 주식이 상승 추세를 타면 천장이 어디인지 모르게 오릅니다. 주식이 하락할 때 떨어지는 칼날을 잡지 말아야 하듯, 주식이 상승할 때도 섣불리 팔아버려 1루타, 2루타 혹은 10루타가 될 싹을 잘라 버리면 안 됩니다. 머리는 누군가에게 떼어주고, 여유로운 마음으로 고점을 확인하고 내려오면서 팔면 됩니다. 생선도 머리와 꼬리에는 먹을 것이 없는데, 굳이 마지막 살 한 점까지 아낌없이 몽땅 발라 먹겠다는 탐욕은 버리는 게 좋습니다

올라가는 어깨에서 팔라는 게 아님

매도는 내려가는 어깨에서

일본 주식계의 전설인 고레카와 긴조라는 투자자가 있습니다. 그의 투자 철학은 기억할 만합니다. 고레카와 긴조는 초등학교만 졸업한 학력으로 63세에 300만 엔을 가지고 주식 투자를 시작하여 1조 원을 넘게 번 후 그 돈으로 장학 재단을 만든 분입니다. 젊은 시절에 만주에서 큰돈을 벌어 조선(한국)에서 광업소와 제철소를 운영했지만, 한국이 광복하며 전 재산을 몰수당했다고 합니다.

당시 같이 일하던 한국 직원들이 구명 운동에 나서 무일푼으로 목숨만 건져 일본으로 돌아가 쫄딱 망했습니다. 이후에 가난한 삶을 살다 300만 엔으로 인생의 마지막 승부를 건 것입니다.

고레카와 긴조는 투자 원칙으로 복팔분(腹八分)을 강조했습니다. 위장(배)을 80%만 채우면 병이 안 나듯 마음껏 배를 채우려고 욕심 부리지 않아야 후환이 없다는 철학입니다.

> 확실한 이익만 챙기고 약간의 이익은 시장에 남겨두라.
> \- 고레카와 긴조

자신의 주식 투자 방식이 배당과 성장의 과실을 10년 이상 누리면서 최장타를 노리는 것인지, 언제든 무릎에 사서 어깨에 팔려는 트레이딩인지를 항상 인식하고 구별하면서 투자해야 합니다.

마음에 드는 종목이 나타났다면 이 주식을 투자용으로 오래 들고 갈 것인지, 아니면 트레이딩용으로 적당하게 챙기고 나올 것인지를 결정해야 하는 것입니다.

주식을 트레이딩하려면 차트를 보면서 지금이 내려가는 어깨인지, 배꼽인지, 무릎인지를 구별하면서 매수해야 수익을 낼 수 있습니다. 매도를 할 때도 지금이 상투를 찍고 내려가는 어깨인지, 배꼽이나 무릎인지 혹은 발바닥인지 알아야 할 것입니다.

손절매는 언제, 어떻게?

주식 매수와 매도는 어렵습니다. 특히 매수보다 매도가 훨씬 더 어렵습니다. 투자의 성패를 가르는 것도 결국 매도를 언제하느냐입니다. 그래서 고수와 하수를 가르는 기준은 '매도를 잘 하는가'입니다. '매수는 기술, 매도는 예술'이란 말도 있습니다. 이렇듯 매도는 어려운데, 손절은 더욱 어렵습니다.

천하의 버핏도 10년 이상 보유할 마음으로 주식을 매수했다가 몇 년 만에 30% 이상 손해 보고 손절한 경우도 많고, 버핏의 친구 찰리 멍거도, 제2의 버핏이라는 빌 애크먼도 어처구니없는 손절로 세상의 조롱을 받기도 했습니다.

이 전설들의 사례를 보면 주식 투자에서 손절이 얼마나 어려운지 알 수 있습니다.

예시 1 워런 버핏의 항공주 손절

팬데믹 이전 2017년에 버핏은 전 세계 관광업의 호황을 보고 항공주에 90억 달러를 투자했습니다. 전 세계 관광 산업이 활성화되면 가장 큰 수혜를 볼 것이라고 예측한 것입니다. 그런데 2020년 팬데믹을 겪으면서 항공 산업은 끝장났다고 판단하여 90억 달러에 산 주식들을 33% 이상 손해 보고 60억 달러 이하로 손절해버렸습니다. 원화로 따지면 4조 원 정도를 손절매한 것입니다. 하지만 버핏이 손절하고 빠져나가자마자 마치 기다렸다는 듯 트럼프 대통령이 항공 산업을 대대적으로 지원하겠다고 발표하여 항공주가 급등했습니다. 이때 많은 언론과 투자 전문가는 89세 버핏이 이제 늙었다고 조롱하였습니다.

예시 2 찰리 멍거의 알리바바 손절

찰리 멍거는 중국 발전을 높이 평가한 투자자로 유명합니다. 일론 머스크가 전기차 주식이 유망하다며 테슬라 주식을 살 것을 권유하자, 찰리 멍거는 그 대신 중국 전기차 회사인 BYD의 주식을 사기도 했지요. 찰리 멍거는 2021년에 200달러가 넘는 알리바바 주식을 60만주 이상 매수했다가, 2022년에 100달러도 안 되는 돈에 30만 주를 손절했습니다. 찰리 멍거란 초고수도 무려 50% 이상 손절할 때가 있는 것입니다. 손실액은 500억 원가량이었습니다.

예시 3 빌 애크먼의 넷플릭스 손절

제2의 워런 버핏으로 불리는 빌 애크먼도 손절매의 '흑역사'를 피해 가지 못했습니다. 나스닥이 막 하락하기 시작하던 2022년 1월 초, 넷플릭스 주식이 급락하자 애크먼은 넷플릭스는 유망 주식이라며 무려 310만 주를 매수했습니다. 그러나 4월 20일 넷플릭스의 실적 미스로 주가가 35% 이상 대폭락하자, 추가 하락 공포에 질려 전량을 손절했습니다. 이때 무려 5000억 원이 넘는 손해를 봤습니다.

워런 버핏이 손절하자마자 항공주 주가가 급등했듯이, 빌 애크먼이 손절하자마자 마치 기다렸다는 듯 넷플릭스 주가는 폭등하기 시작했습니다. 빌 애크먼 같은 주식 고수도 넷플릭스를 최저점에서 손절하는 게 주식 투자입니다. 제2의 워런 버핏이라던 빌 애크먼은 넷플릭스 최저점 손절매를 두고 조롱당했습니다.

손절은 운전자 보험 같은 것

워런 버핏이나 빌 애크먼 같은 주식 고수도 우리와 똑같습니다. 그들도 '내가 사면 떨어지고 내가 팔면 오른다'는 주식 속설을 피해 가지 못했습니다. 손절은 이만큼 어렵고 피할 수 없다는 점을 우리는 받아들여야 하며, 손절한다고 자책하고 고통스러워하지 않아도 됩니다. 우리야 돈 잃고 속상하면 끝입니다만 주식 고수들은 이런 손절매도 전부 언론에 공개되어 흑역사로 남으니까요. 그들의 명성을 고려하면 타격이 클 겁니다.

주식 트레이딩계의 전설이었던 윌리엄 오닐은 "주식 투자에서 손절은 운전자 보험 같은 것"이라며, 자신이 정한 금액 밑으로 하락하면 무조건 칼같이 손절하라고 말했습니다. 우리는 자동차 보험을 든 뒤 보험료가 아깝다고 교통사고가 나기를 바라지 않습니다. 마찬가지로 주식 손절도 팔고 나서 오르는 아픔이 있더라도, 칼같아야 한다는 것입니다. 손절 없이 주식 투자를 하는 것은 보험료 아깝다고 무보험으로 운전하는 것과 같습니다. 비록 손절한 주식이 오르더라도, 보험료라고 생각해야 합니다.

처음 주식을 시작할 때는 '손절선은 생명선이다. 칼같이 지켜야 한다'는 격언을 알기 때문에 과감하게 손절을 합니다. 그런데 이렇게 몇 번 손절하다 보면 놀랍게도 주식 계좌가 어느새 마이너스 10~15%를 기록하게 됩니다. 이때부터 투자자의 '멘붕'과 갈등이 시작됩니다. 또 반대로 손절 안 하고 물 타기를 했는데 어느새 주가가 회복되는 경험도 하게 됩니다.

그렇게 이익을 본 경험이 몇 번 생기면 어느새 '내 사전에 손절은 없다'란 자세로 끝까지 버티기 시작합니다. 그렇게 이익이 난 종목은 10~15%에서 익절하고 손실 난 종목은 안 팔고 버티다 보면, 주식 계좌는 어느새 손실이 난 종목들로 가득 차게 됩니다. 피터 린치의 말에 따르면 "화초를 전부 뽑아서 잡초만 가득한, 쳐다보기도 싫은 망할 놈의 주식 계좌"가 되는 것입니다.

유튜브와 블로그 수익 인증의 허실

유튜브나 블로그에는 자칭 단타 고수들이 익절을 인증하는 포스팅이 많습니다. 그런데 좀 의아한 점은, 저렇게 한 달에 1000만 원도 넘게 수익을 내면서 왜 블로그를 하고 또 그 블로그에 광고를 붙이는가 하는 것입니다. 이해는 잘 안 되지만 필자는 그들을 단타 매매의 장점을 알리고 선한 영향력을 퍼뜨리는 초고수로 인정하기로 했습니다.

그러나 어쩌면 그들의 계좌에는 마이너스인 종목들이 가득할 수도 있습니다. 10~20% 수익이 난 종목을 익절하고 자랑스럽게 인증하지만, 보여주지 않은 계좌에는 마이너스인 종목들이 수두룩할지도 모릅니다.

아무리 세계 초일류 주식 고수라도 매수하는 모든 종목에서 수익을 내는 것은 불가능합니다. 워런 버핏이나 빌 애크먼, 찰리 멍거 같은 초고수들도 실수가 수두룩합니다.

우리가 주식 투자를 공부하고 종목 선정에 목숨을 걸더라도 수학적 확률상 하락과 상승은 5:5로 수렴할 수밖에 없습니다. 주식 투자는 어떻게 해도 상승 확률 50%, 하락 확률 50%임을 기억해야 합니다. 따라서 5:5의 확률인 주식 투자에서 돈을 벌려면 '익절은 길게 손절은 짧게' 해야 합니다. 좋은 종목에 많이 투자하여 벌 때 많이 벌고, 잃을 때 적게 잃는 것입니다. 무조건 손절을 하거나 버티지 말고, 투자한 주식과 주식 시황, 자신의 성향을 이해한 뒤 아니다 싶으면 빨리 잘라내고, 그 종목이 맞다 싶으면 길게 끌고 가서 1루타, 2루타, 10루타로 키워나가야 합니다. 이익이 난 종목은 최대한 길게 가져가고, 손절할 종목은 최대한 짧게 끊어 전체 포트폴리오에서 비중을 조절하는 것이 손절의 첫 번째 방법입니다.

두 번째 방법은 필자처럼 둔감한 투자자에게 좀 더 어울립니다. 안 망할 것 같은 대형주를 사서 물리면 물 타기를 하고 배당을 받으면서 끝까지 버티는 것입니다. 처음부터 손절할 생각이 없는 주식을 사서 배당을 받고 물 타기를 하다 보면 대부분은 벌고 나왔습니다. 물론 매수한 주식의 사업 모델을 이해 못 하거나, 연속 적자가 났거나, 코스닥 소형주인 경우에는 이 방법이 맞지 않습니다.

우리가 아무리 신중하게 종목을 잘 골랐더라도 미처 몰랐던 문제가 생기거나, 중대한 흠결이 발생했거나, 더 좋은 주식이 있다면 단호하게 손절하고 갈아타는 게 맞습니다. 그리고 이러한 결정은 오직 투자자 자신만이 할 수 있습니다.

26

마이크로소프트 같은 알짜 배당주의 장기 투자 효과

어째서 마이크로소프트가 알짜 배당주인가

마이크로소프트는 시가 총액이 3조 3000억 달러가 넘는 세계 1위 주식입니다. 원화로는 4400조 원이 넘는데, 우리나라 코스피 전체 시총인 2000조 원의 2배 이상입니다. 코스피에 상장된 모든 기업을 다 팔아도 마이크로소프트의 주식 50%도 못 사는 것입니다. 필자도 2021년부터 마이크로소프트 주식을 매수하여 지금까지 1주도 안 팔고 꾸준히 모아가고 있습니다.

그런데 투자자들이 마이크로소프트 주식에 투자할 때 쉽게 간과하는 부분이 있는데, 그것은 마이크로소프트의 배당입니다. 마이크로소프트에 배당 때문에 투자하는 사람은 별로 없을 겁니다. 그러나 마이크로소프트 같은 주식이야말로 장기 배당 투자자가 놓쳐서는 안 되는 종목입니다.

마이크로소프트는 19년 연속 배당을 늘려온 알짜 배당주입니다. 2024년 6월 말 기준으로 주가가 447달러이고 1주당 배당은 3달러이므로, 배당률 자체는 0.67%밖에 되지 않아 알짜 배당주라고 하면 고개를 갸우뚱할 수도 있을 겁니다.

그러나 마이크로소프트는 매년 배당을 10% 이상 올려주고 있습니다. 2014년에는 주당 0.28달러(분기 기준)를 배당하였고, 10년 후인 2024년에는 0.75달러를 배당하였습니다. 10년 만에 배당이 2.7배나 증가한 것입니다. 우리의 월급이 10년 만에 2.7배 오르는 것은 매우 어려운 일이지만 그 어려운 일을 마이크로소프트는 해주고 있습니다.

Dividend Summary

Div Yield(FWD)	Annual Payout (FWD)	Payout Ratio	5 Year Growth Rate	Dividend Growth
0.7%	$3.00	25.37%	10.23%	19 Years

*출처: Seeking Alpha

마이크로소프트의 5년간 배당 성장률과 연속 배당 년수

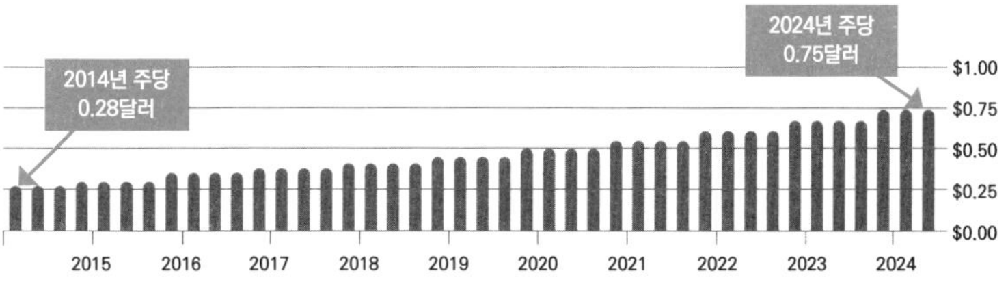

마이크로소프트의 배당 이력

마이크로소프트의 선형 주가 차트와 로그 주가 차트

다음은 마이크로소프트 주가 차트입니다. 차트 중 위쪽은 선형 주가 차트, 아래쪽은 로그 주가 차트입니다. 기업의 주가 장기 차트를 볼 때는 항상 로그 차트로 보셔야 합니다.

선형 차트는 주가 축(Y축)을 주가와 같은 크기로 표시하는, 우리가 일반적으로 보는 차트이며, 로그 차트는 주가 축(Y축)을 주가의 변화율로 표시하는 차트로 선형 차트의 착시 현상을 막아줍니다.

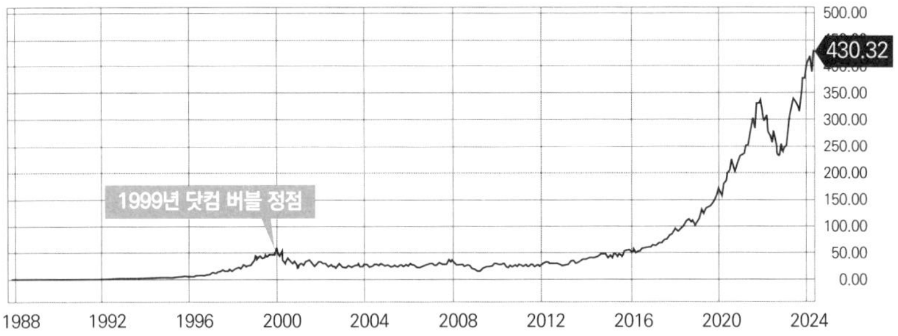

마이크로소프트의 선형 주가 차트

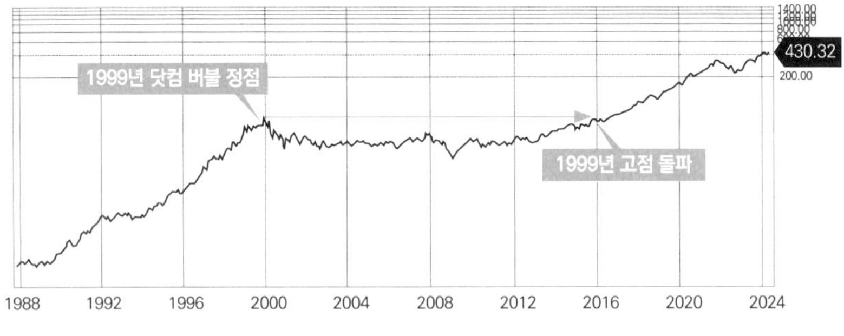

마이크로소프트의 로그 주가 차트

주식 역사상 2번째의 역대급 폭락은 닷컴 버블 붕괴가 있었던 2000년 상반기였습니다.

로그 차트를 보면 닷컴 버블 붕괴 전에 마이크로소프트 주가가 대폭등했음을 한눈에 알 수 있습니다.

그러나 선형 주가 차트로는 닷컴 버블 붕괴 전후 사정을 알 수 없습니다. 일부 주식 유튜버와 블로거는 로그 차트와 선형 차트도 구분 안 한 채 차트 분석을 하고는 하는데, 이것은 보는 이에게 착시와 오해를 불러일으킵니다.

마이크로소프트의 선형 주가 차트를 보면 엄청난 급등주처럼 보여서 마치 추격 매수하는 듯한 두려움이 듭니다. 그러나 어떤 주식도 장기 주가를 선형 차트로 보면 급등주처럼 보여, 주가가 엄청나게 상승한 듯 착각하게 됩니다. 따라서 차트를 보여주는 사람의 의도에 따라 추격 매수를 유혹하거나 선동할 수 있습니다. 장기 주가를 분석하는 데 일부러 로그 차트를 쓰지 않는 것은 아닌지, 혹은 로그 차트와 선형 차트조차 구분 못 하고 쓰는 것은 아닌지 확인해야 이상한 장난에 넘어가지 않습니다.

마이크로소프트 배당률, 12% 가능하다

워런 버핏은 1988년 코카콜라 주식이 2달러일 때부터 13억 달러를 투자하여 해당 주식을 매수하였습니다. 현재 버핏이 가진 코카콜라 주식 수는 4억 주로, 버핏의 포트폴리오에서 7.4% 정도입니다. 2024년 6월 현재 코카콜라 주가는 62달러, 배당률은 3.1% 정도로 한 주당 1.94달러를 배당하고 있습니다. 2달러에 코카콜라를 매수하여 1.94달러를 배당받고 있으니 매년 최초 매수 가격의 97%를 회수하는 것입니다.

그런데 마이크로소프트에서도 이런 놀라운 배당률을 볼 수 있습니다. 30년 전인 1994년 5월, 마이크로소프트의 주가는 3달러 초반이었습니다. 만약 그때 마이크로소프트를 매수하여 워런 버핏처럼 장기 보유하고 있다면 최초 매수 가격의 97% 정도 되는 금액을 배당으로 받고 있을 것입니다(이렇게 투자한 사람이 있었다면 버핏처럼 부자가 되었겠지요).

코카콜라 주식을 매수한 버핏은 36년 만에 배당률 97%에 도달했습니다. 마이크로소프트 주식에 투자한 투자자라면 30년 만에 배당률 97%에 도달했을 겁니다. 마이크로소프트의 배당이 더 빨리 97%에 도달한 이유는 배당 성장률이 코카콜라보다 높기 때문입니다.

마이크로소프트의 배당률이 약 0.7%이고 배당 성장률은 10.23%인데, 이것이 유지된다고 가정하고 미래의 배당률을 계산해봅시다(2024년 5월 주가인 429달러 기준).

10년 후 마이크로소트프의 주당 배당금은 7.9달러로 현 주가 기준 배당률은 1.8%입니다.

20년 후 마이크로소프트의 주당 배당금은 20.9달러로 현 주가 기준 배당률은 4.9%입니다.

30년 후 마이크로소프트의 주당 배당금은 55.3달러로 현 주가 기준 배당률은 12.9%입니다.

마이크로소프트 같은 세계 1위 기업에게 5%, 13%씩 배당을 받는다니, 생각만 해도 신나는 일입니다. 현재 마이크로소프트의 주가가 비싼지 싼지는 판단하기 어렵지만, 지난 19년간 매년 배당을 늘려온 마이크로소프트가 앞으로도 배당을 계속할 것임은 믿을 수 있지 않을까요?

또한 마이크로소프트는 넘치는 현금으로 유보금을 풍부하게 쌓아두고 꾸준히 자사주를 소각하고 있으니 주가 상승과 배당 성장이라는 두 마리 토끼를 다 잡을 수 있을 겁니다. 우리 배당 투자자는 주가와 배당 양쪽 모두 오르는 마이크로소프트 같은 주식을 찾아 장기 투자해야 합니다.

미국 주식 시장에는 마이크로소프 말고도 애플, 알파벳, 메타와 같은 배당 기술주들이 있습니다. 예를 들어 애플도 2014년 주당 0.11달러에서 2024년 주당 0.25달러로 배당금을 10년 만에 2.3배 증가시켰습니다.

메타는 2024년 2월부터 분기 기준 주당 0.5달러를, 알파벳은 2024년 6월부터 주당 0.2달러를 배당하기 시작했습니다. 미국은 한번 배당을 시작하면 웬만하면 배당을 줄이지 않습니다. 배당컷을 경영진의 무능과 심각한 주주 권리 침해로 보아 회사가 정말 어렵지 않으면 하지 않기 때문에, 어느 정도 믿고 투자할 수 있습니다. 우리도 36년 전에 코카콜라에 투자하여 배당률 97%가 된 워런 버핏이나, 30년 전 마이크로소프트에 투자하여 배당률 97%가 된 누군가처럼 성공 신화를 쓸 수 있는 것입니다.

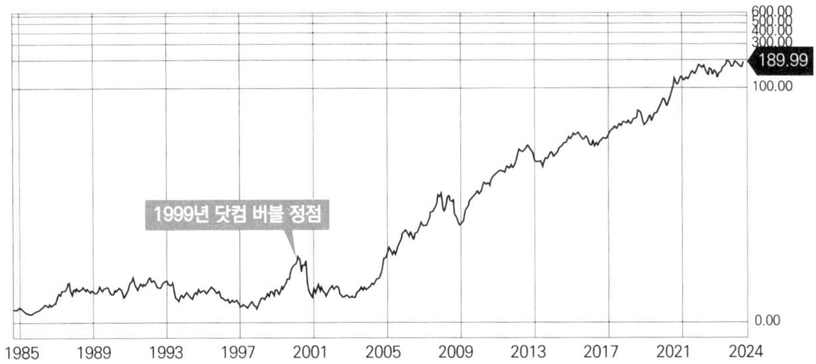

애플 주가 로그 차트

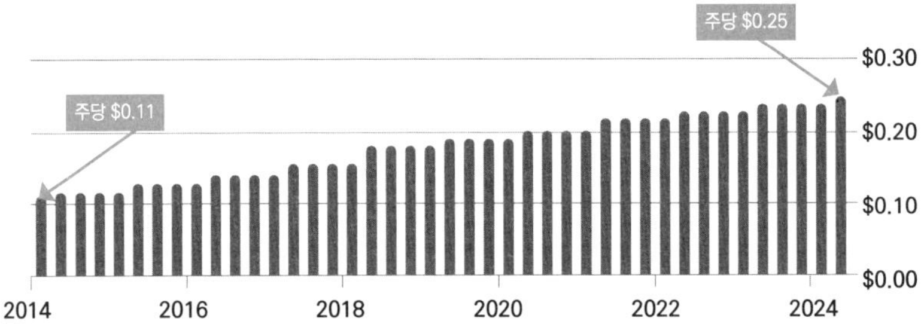

애플 최근 10년 배당 이력

물론 닷컴 버블 이후 마이크로소프트의 주가가 다시 당시의 고점에 도달하기까지는 무려 16년이라는 긴 세월이 걸렸습니다. 그러나 우리 배당 투자자들은 마이크로소프트의 주가가 횡보할 때에도 꾸준히 배당을 받으면서 다른 투자자들보다 더 수월하게 버텼을 겁니다. 이것이 배당 투자를 해야 하는 확실한 이유이기도 합니다.

우리 배당 투자자들은 고배당주에만 투자해서는 안 됩니다. 투자 기간이 길수록 고배당주보다는 배당과 주가가 같이 오르는 배당 기술주를 발굴하여, 그 종목을 반려 주식 삼아 워런 버핏처럼 장기 보유해야 합니다. 그러면 기술주가 초고배당주로 변해 배당률 100%를 기록하는 믿을 수 없는 기적을 체험하게 됩니다.

배당 투자의 성공 방정식은 초등학생도 이해할 만큼 쉽습니다. 마이크로소프트와 같은 배당 기술주를 찾아내어 장기 보유하는 것입니다.

27

노력과 배당 투자는 복리로 돌아온다

노력에도 때가 있다

필자는 성공한 회사원이 아닙니다. 닷컴 버블에 혹해서 대기업을 퇴사한 후 많은 회사를 자의 반 타의 반으로 옮겨 다닌 흔한 동네 아저씨입니다. 직장 생활 점수를 매겨보라면 분명 'A'는 아닐 겁니다.

그러나 독자 여러분께 꼭 전해주고 싶은 깨달음이 한 가지 있습니다. 그것은 '노력과 배당 투자는 매우 유사하다. 배당 투자도 시간의 복리 효과로 하루라도 일찍 시작해야 하듯, 노력도 시간의 복리 효과가 있어 하루라도 빨리 해야 한다'는 것입니다.

필자는 기계공학을 전공하여 석사를 마치고 병역 특례로 대기업 연구원 생활을 시작했습니다. 당시 필자가 근무하던 연구소에는 공부 좀 했다는 서울대 공대생들과 미국 박사 출신들이 많았습니다(그때 서울대 공대는 수도권 의대 다음으로 입학 성적이 좋은 수재들이 가는 곳이었습니다). 필자의 직속 과장과 팀장, 이사 세 분이 모두 서울대 공대 출신인 데다 미국에서 공부를 했어요. 특히 이사님이 학벌의 '끝판왕'으로 서울대 공대를 나와 버클리 대학교에서 공학 박사 학위를 받았습니다. 팀원들도 카이스트 석사, 서울대 공대, 포항공대 박사 출신이었어요.

이런 상황에서 유학은커녕 해외여행도 한 번 못 가본 공돌이 입장에서 영어나 학벌로는 답이 없다는 걸 바로 깨달았습니다. 그 대신 남들이 안 하는 특수한 필살기를 하나 준비해야겠다 싶어서 일본어를 시작했습니다.

하필 일본어를 택한 이유는 연구소에서 잘나간다는 팀장이나 박사들은 대부분이 미국이나 유럽에서 학위를 받았고, 일본에서 공부한 사람들은 거의 없었기 때문입니다. 남들이 안 하는 것을 해야 희소성이 있고, 생존에 도움이 되리라고 판단한 것입니다.

연구소의 해외 기술 제휴선이 100% 미국과 독일이라 일본어를 써먹을 가능성은 낮았지만, 그래도 경쟁자 없는 언어를 선택해 문장을 통째로 외우는 식으로 독학을 했습니다. 그렇게 가망성 없어 보이는 공부를 하고 있는데, 어느날 갑자기 일본어를 써먹을 기회가 오더라고요.

우리 연구소에 일본어 하는 놈 있나?

당시 회장은 개발에 실패하는 연구소의 보고 라인을 믿지 못해 일본에서 기술 고문을 스카우트했습니다. 스카우트 조건은 연봉 3억, 승용차와 아파트 제공, 월 1회 일주일 휴가와 왕복 항공권 제공이었습니다.

기술 고문의 중요 임무는 기술 자문을 하는 것은 물론 어떤 문제가 있다면 연구소장도 건너뛰고 회장 당신에게 직접 보고하는 것이었습니다. '○○ 부장이나 ○○ 이사에게 문제가 있다'라는 식으로 회장에게 흘리면 누구든 한 방에 보낼 수 있는 실세였습니다. 그래서 모든 팀장들과 이사들이 눈치를 보게 되었죠.

그런데 이 기술 고문이 도쿄대학교 출신인데, 의외로 영어를 못했습니다. 이분이 사용하는 일본인 특유의 영어로는 도저히 의사소통이 안 되어 일본어 통역을 썼습니다. 그런데 이 통역은 또 기술에 대해서는 전혀 몰라, 기술 고문과 연구원들 사이의 커뮤니케이션이 쉽지 않았지요.

결국 "우리 연구소에 일본어 좀 하는 놈 있나?" 하고 찾다 보니 필자에게 기회가 왔습니다. 필자를 빨리 과장으로 진급시켜주었던 이사님의 추천이었는데, 그 의도는 회장님께 보고하기 전에 자기 라인인 필자를 통해 내용을 미리 확인하려는 것이었지요. 한낱 과장인 제가 갑자기 회장님께 직보하는 라인을 탄 겁니다. 한글로 된 보고서를 쓰는 건 필자이니, 팀장들은 행여나 보고서에 이상한 내용이 올라갈까 제 눈치를 보았고요. 팀장들이 필자한테 “전무급 과장”이라고 하면 다른 팀장이 “무슨 전무급이야, 저 정도면 거의 부사장급이지”라면서 놀리곤 했어요.

일본어의 어마어마한 복리 효과

학벌도 변변찮은 필자가 혹시 회장님 눈에 들어 용이 될 기회를 잡나 싶었지만, 대운이 1년을 못 갔습니다. 회장님이 급하게 해외 출장을 가신 후에 무기한 귀국 보류(어떤 사람은 해외 도피라고 표현)하면서 기술 고문과 필자도 갑자기 낙동강 오리알 신세가 되고 말았습니다.

회장님이 돌아오지 않는다는 것이 확정되자 기획팀 과장에서 퇴사자가 속출하는 프로젝트팀으로 전보되었어요. 그 프로젝트를 맡은 선임 연구원들은 줄줄이 퇴사했는데, 필자가 그 프로젝트의 선임이 된 것이지요. 살아보겠다고 영혼을 갈아 넣었지만 거듭 개발에 실패하면서 질책을 당했고, 그래서 에라 모르겠다는 생각으로 저도 퇴사의 전설에 합류해 벤처 기업으로 탈출했습니다. 한참 후에 동료한테 그 프로젝트 어떻게 됐냐고 물어보니 한다는 사람도 없고 개발 문제를 해결 못 해, 프로젝트 자체를 유야무야 묻어버렸다고 하더군요. 그렇게 대기업 퇴직 후에는 6개월 단위로 회사를 몇 번 옮겼습니다. 이직을 쉽게 했던 것도 필살기로 장착한 일본어 덕분이었습니다.

한번은 공채로 입사한 회사에서 일본 사무소 주재원 내부 공모를 하더라고요. 이번에도 그 알량한 일본어 덕분에 도쿄 주재원으로 발령이 났습니다. 도쿄 근무 3년 마치고 또 이직을 했지요. 그런데 그 회사에서도 해외 사무소장을 공모했어요. 응모 조건이 해외 근무 경험자나 외국 대학 졸업자, 해당국 언어 가능자였는데, 도쿄에서 근무한 이력이 있어 다시 해외에서 근무를 하게 되었습니다.

20대 공돌이 시기에 나만의 필살기로 장착한 일본어는 인생에서 다양한 기회를 주었습니다. 남들이 안 하는 일본어를 선택한 덕분에 실세 경험과 해외 주재원 근무도 해보고 다양한 이직 기회도 잡은 것이지요.

특히 해외 근무를 하면서 급여 외로 따로 받는 해외 파견 수당은 지금의 배당 투자를 하는 데 큰 역할을 해주었습니다. 그때 미국과 시차가 1시간인 중남미에서 해외 근무를 안 했더라면 여전히 미국 배당주 투자를 안 하고 있을지도 모릅니다.

필자가 누리고 경험한 이러한 기회의 근원은 바로 일본어였습니다. 남들이 안 하는 것, 남들이 관심 가지지 않는 일본어를 배워두었던 노력이 여러 번 복리에 복리를 나아 배당 투자까지 하게 된 것입니다. 앞으로 제 삶에 또 어떤 복리 효과가 생길지 궁금합니다.

필자가 장황하게 제 이야기를 한 것은 20대 때든 30대 때든 노력은 평생토록 다양한 복리 효과를 가져다준다는 것을 꼭 전해주고 싶기 때문입니다.

배당 투자와 노력의 상관관계

우리의 배당 투자도 20대, 30대 때의 노력과 똑같습니다. 모두가 성장주로 달려갈 때 남들이 관심 안 가지는, 그래서 싸게 살 수 있는 좋은 배당주를 조용히 모아가면 시간이 지난 뒤 엄청난 복리 효과를 누릴 수 있습니다.

학벌도 영어도 종잣돈도 부족한 우리가 인생과 주식 투자에서 승리하는 방법은, 경쟁자가 없는 곳을 남들보다 일찍 선점하여 시간을 내 편으로 만드는 것입니다.

우리는 사람들이 관심 없는 것, 하기 싫어 하는 자기 계발, 지루한 배당 투자를 선점해야 합니다. 사람들이 관심 없을 때에는 경쟁자가 없기 때문에 싸우지 않고 쉽게 얻을 수 있습니다. 투자자들이 테마주와 작전주, 시세 차익에 열광할 때, 폭락장에서 투자자들이 공포와 좌절감으로 시장을 떠날 때, 우리 배당 투자자는 꾸준히 배당을 늘려주는 좋은 배당주를 모아가면서 시간에 투자하면 됩니다. 독자분들의 성공적인 인생과 배당 투자를 진심으로 응원합니다.

4부

배당 투자 종목 발굴 방법과 실제 사례

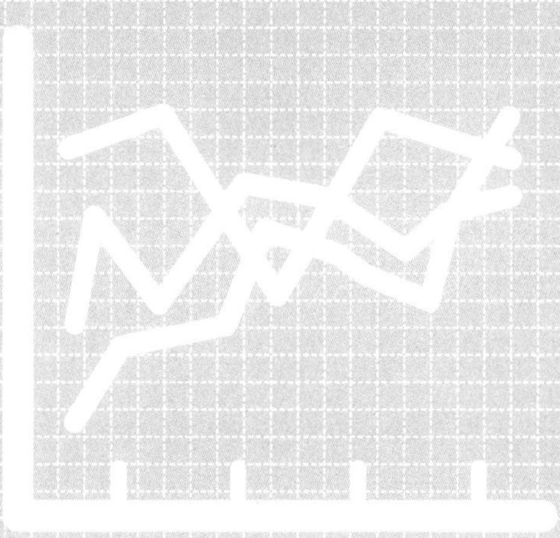

28

좋은 미국 배당주, 성장주 찾는 법

스스로 고기 잡는 법을 알아두라

주식 투자를 할 때 흔히 저지르는 실수 중 하나가 소위 전문가라는 사람들의 추천 종목을 사는 것입니다. 물론 전문가도 나름의 근거와 이유를 갖고 추천을 하겠지만, 그들이 언론이나 유튜브에 나와 추천할 정도면 대부분의 주식은 대중의 관심을 받아 이미 주가가 충분히 오른 후입니다. 그래서 전문가 추천 종목을 사면 상투 잡기가 쉽습니다. 아주 고약한 경우라면 소위 작전에 휘말려 고점에서 설거지를 당하기도 합니다.

따라서 주식 투자자의 첫 번째 덕목은 스스로 공부하고 종목을 발굴하는 노력을 하는 것입니다. 다행스럽게도 좋은 배당주와 성장주를 찾을 수 있는 무료 정보 제공 사이트가 많습니다. 필자가 자주 사용하는 사이트에서 배당주와 성장주, ETF 찾는 법을 소개합니다.

주식 전문가란 사람에게 물고기 한 마리 얻으려고 기웃거릴 시간에 스스로 고기 잡는 방법을 알아두도록 합시다. 평생 타인에게 의지하지 않고 스스로 물고기를 잡을 수 있습니다.

예시1 시가 총액 100억 달러 이상, 배당률 6%인 배당주 찾기

핀비즈(finviz.com)라는 사이트에서 시가 총액 100억 달러 이상, 배당률은 6% 이상인 안정적인 대형 고배당주를 찾아보겠습니다.

해당 사이트에서 여러 메뉴 중 노란색 박스로 표시한 'Screener'를 클릭하면 아래와 같은 화면이 나옵니다.

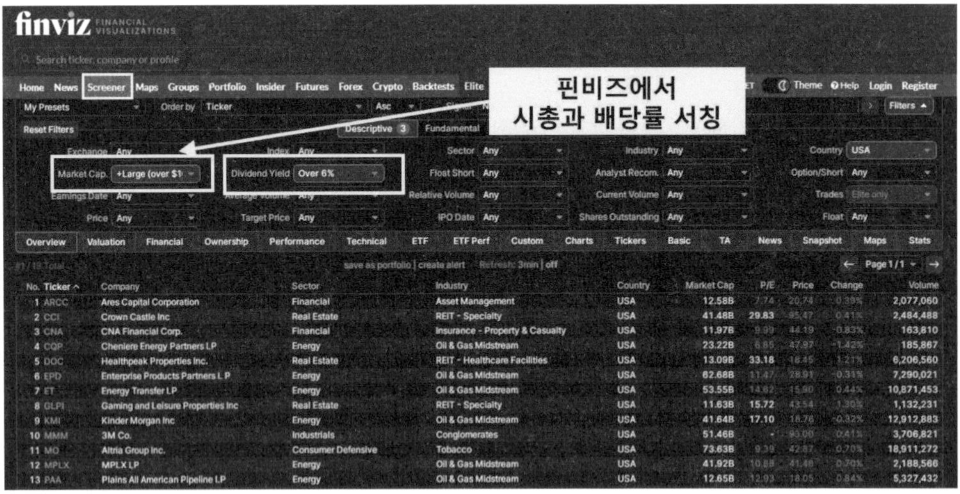

① 'Market Cap.'에서 '+Large(over $10bin)' 클릭.

② 'Yield'에서 'Over 6%'를 클릭.

이렇게 필터링하면 19개의 종목이 나옵니다. 4,000개가 넘는 미국 주식 중 시가 총액 100억 달러의 대형주이면서 6%의 고배당을 주는 기업은 19개밖에 없다는 것입니다.

이런 식으로 자신이 필요한 정보를 필터링해서 발굴한 주식은 투자에 매우 귀중한 정보가 됩니다. 이런 귀한 정보를 클릭 몇 번으로 찾을 수 있다는 것을 기억하고, 스스로 종목을 발굴하는 습관을 가지는 것이 좋습니다.

첨언하자면 기업 이름 뒤에 *LP가 붙은 에너지 미드스트림 주식은 피하는 것이 좋습니다.

미국 에너지 밸류 체인에는 채굴 등을 하는 '업스트림'과 소비자에게 최종 전달하는 '다운스트림'이 있고, 이 중간에서 채굴한 원유와 가스의 정제, 수송을 담당하는 '미드스트림'이 있습니다. 그런데 미드스트림은 수송관로를 땅에 묻을 수 있는 독점적 특혜를 받기 때문에 미국인이 아닌 외국인에게는 최고세율로 39.6%의 배당세를 뗍니다(미국 시민권자는 다양한 형태로 세금 환급이 가능하지만, 외국인은 그럴 수 없습니다).

즉 8% 고배당을 받아도 여기서 40% 세금을 내고 나면 실제로는 4.5%를 배당받는 셈입니다. 때문에 단순히 고배당에 혹해서 LP가 붙은 종목을 매수하면 나중에 낭패를 봅니다.

*LP
합자 회사란 의미로, 사업을 하면서 발생하는 부채와 소송 등에 대해 무한 책임이 아닌 출자금만 책임을 지는 유한 책임 회사이다. 보통 에너지 개발, 선박 같은 투자 자산에 투자하기 위해 설립하는 경우가 많다. 이 합자 회사를 거래소에 상장해서 거래할 수 있는데, 이걸 MLP(master limited partnership)라고 하며, 종목명 끝에 'LP'라고 표시되어 있다.

물론 40%를 세금으로 내더라도 5~6%의 고배당을 주는 LP 주식들이 있긴 합니다만, 굳이 우리 한국 투자자들이 이런 LP에 투자할 이유는 없다고 봅니다.

시가 총액에 100억 달러 이상이며 배당률이 6% 이상인 미국 고배당주

(파란색은 LP를 표시한 것)

순위	티커	기업명	분야	시총 (억 달러)	PER
1	VZ	Verizon Communications	통신	1669.1	14.4
2	PFE	Pfizer Inc.	제약	1486.2	73.23
3	T	AT&T, Inc.	통신	1180.2	8.4
4	MO	Altria Group Inc.	담배	736.3	9.39
5	EPD	Enterprise Products Partners LP	에너지 미드스트림	626.8	11.47
6	ET	Energy Transfer LP	에너지 미드스트림	535.5	14.62
7	MMM	3M Co.	제조	514.6	-
8	MPLX	MPLX LP	에너지 미드스트림	419.2	10.88
9	KMI	Kinder Morgan Inc	에너지 미드스트림	416.4	17.1
10	CCI	Crown Castle Inc	리츠	414.8	29.83
11	CQP	Cheniere Energy Partners LP	에너지 미드스트림	232.2	6.85
12	WBA	Walgreens Boots Alliance	약국 체인점	155.7	-
13	WES	Western Midstream Partners LP	에너지 미드스트림	135.5	13.69
14	DOC	Healthpeak Properties Inc.	리츠(헬스케어)	130.9	33.18
15	PAA	Plain All American Pipeline LP	에너지 미드스트림	126.5	12.93
16	ARCC	Ares Capital Corporation	BDC	125.8	7.74
17	WPC	W.P. Carey Inc	리츠(산업 등 다양)	123.1	17.08
18	CNA	CNA Financial Corp.	보험	119.7	9.99
19	GLPI	Gaming and Leisure Properties	리츠(레저)	116.3	15.72

예시 2 ROE 20% 이상이며 배당률 2% 이상인 성장주 찾기

ROE는 기업의 효율성을 판단하는 지표라고 앞에서 설명했습니다. '자기 자본 이익률'로, 투자한 자기 자본으로 얼마만큼의 수익을 내는지 알려주는 지표입니다. 이번에도 핀비즈를 이용하여 ROE가 20% 이상인 기업을 찾아보겠습니다.

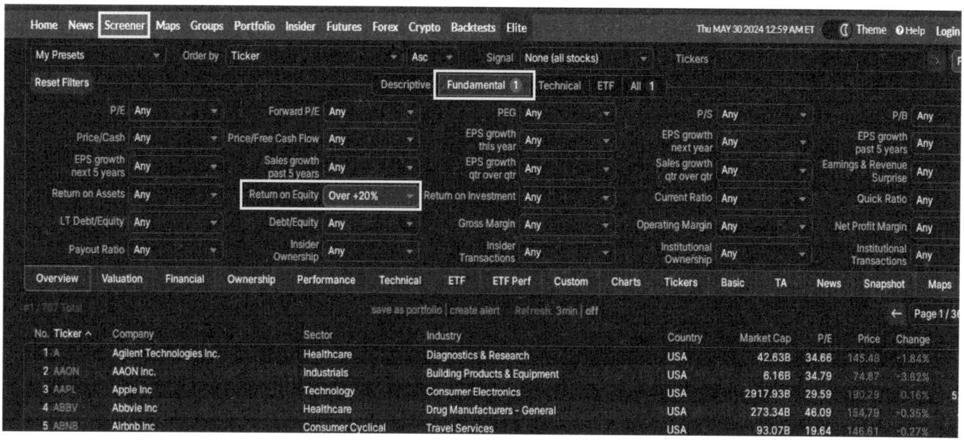

① 화면 상단 메뉴 중 'Screener'를 클릭한 뒤 'Fundamental'을 클릭. 이후 'Return on Equity'에서 'Over +20%' 선택.

이렇게 필터링하면 ROE가 20% 이상인 기업이 필터링됩니다. 여기서 배당률이 2% 이상인 주식을 찾아봅시다.

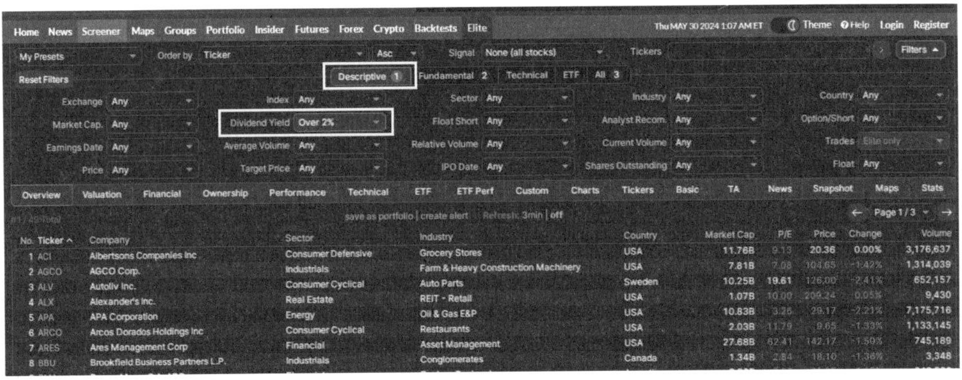

② 'Descriptive' 클릭 후 'Dividend Yield'에서 'Over 2%' 선택.

4,000개가 넘는 미국 주식 중 배당률이 2% 이상이며, ROE가 20% 이상인 것은 360개에 불과합니다. 이 360개의 주식은 ROE가 20%로 경영 효율이 매우 높고 배당률도 2% 이상이니 기본적으로 투자해볼 만한 상위 1% 기업이라고 할 수 있습니다.

애플이나 마이크로소프트는 ROE가 40%를 넘지만, 이 기업들의 배당률은 2% 이하이기 때문에 해당 목록에서 찾아볼 수 없습니다.

이 360개 기업 모두를 공부하려면 막대한 시간이 들테니 이번에는 EPS라는 수치를 활용해보겠습니다. EPS(earnings per share)는 '주당 순이익'으로, 기업이 장사하여 번 순이익을 주식 수로 나눈 것입니다. 전설적인 트레이더인 윌리엄 오닐은 EPS 증가율이 20% 이상인 주식이 텐 배거 같은 최고의 주식이 될 수 있다고 하였습니다. EPS 증가율이 5년간 20% 이상이라는 조건을 추가해보겠습니다.

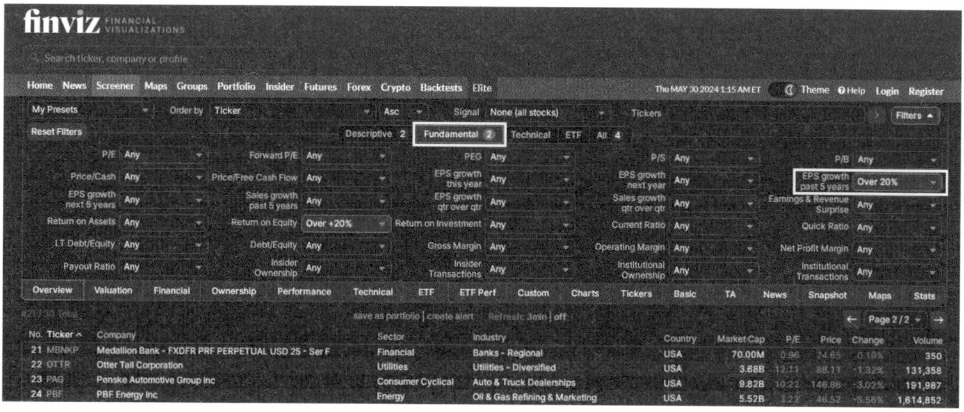

③ 'Fundamental' 클릭 후 'EPS growth past 5 years'에서 'Over 20%' 선택.

지금까지 우리가 필터링한 조건은 다음과 같습니다.

- 워런 버핏이 중요시한 지표인 ROE 20% 이상.
- 배당률 2% 이상.
- 윌리엄 오닐이 가장 중요하게 보았던 EPS 증가율 20% 이상.

이 조건을 만족시키는 주식이라면 분명 최고의 배당주이자 잠재 성장주라고 할 수 있습니다. 이 가능성을 충족시키는 주식은 딱 25개밖에 없습니다.

최고의 미국 배당주 25개

순위	티커	기업명	섹터	시총 (억 달러)	PER
1	CSCO	Cisco Systems, Inc.	기술(IT)	1,929	16.13
2	VLO	Valero Energy Corp.	에너지	509.8	9.09
3	ARES	Ares Management Corp	금융	293	64.58
4	CQP	Cheniere Energy Partners LP	에너지	260.4	14.06
5	DKS	Dicks Sporting Goods, Inc.	임의 소비재	170.3	17.31
6	CF	CF Industries Holdings Inc	재료	137.2	12.46
7	ACI	Albertsons Companies Inc	소비재(방어형)	118.4	10.63
8	APA	APA Corporation	에너지	115.8	3.49
9	PAG	Penske Automotive Group Inc	임의 소비재	107.4	11.17
10	TPR	Tapestry Inc	임의 소비재	93.8	10.81
11	AGCO	AGCO Corp.	산업	77.2	7
12	FMC	FMC Corp.	재료	74.4	6.66
13	DDS	Dillard's Inc.	임의 소비재	66.1	9.26
14	PBF	PBF Energy Inc	에너지	48	2.8
15	VCTR	Victory Capital Holdings Inc	금융	34.6	16.37
16	CCOI	Cogent Communications Holdings	통신	33.6	2.72
17	CVI	CVR Energy Inc	에너지	27.5	4.2
18	ARCO	Arcos Dorados Holdings Inc	임의 소비재	20.3	11.79
19	REVG	REV Group Inc	산업	14.8	6.96
20	ALX	Alexander's Inc.	리츠	12.4	11.62
21	CAPL	CrossAmerica Partners LP	에너지	7.65	32.8
22	REPX	Riley Exploration Permian Inc.	에너지	6.21	5.87
23	SJT	San Juan Basin Royalty Trust	에너지	1.8	9.15
24	MBNKP	Medallion Bank - FXDFR PRF PERPETUAL USD 25 - Ser F	금융	0.7	0.96
25	NRT	North European Oil Royalty Trust	에너지	0.58	13.36

이런 식으로 무료 사이트에서 클릭 몇 번으로 최고의 미국 주식을 스스로 발굴할 수 있습니다. 이렇게 주식을 찾고 공부한다면 투자 성공 가능성은 매우 높아질 겁니다.

이 25개 주식들도 너무 많다 싶으면 조건을 하나 더 추가할 수 있습니다.

이번에는 향후 5년 간의 순이익이 20% 이상 증가할 것으로 추정되는 기업을 찾아봅시다. 딱 3개가 나옵니다.

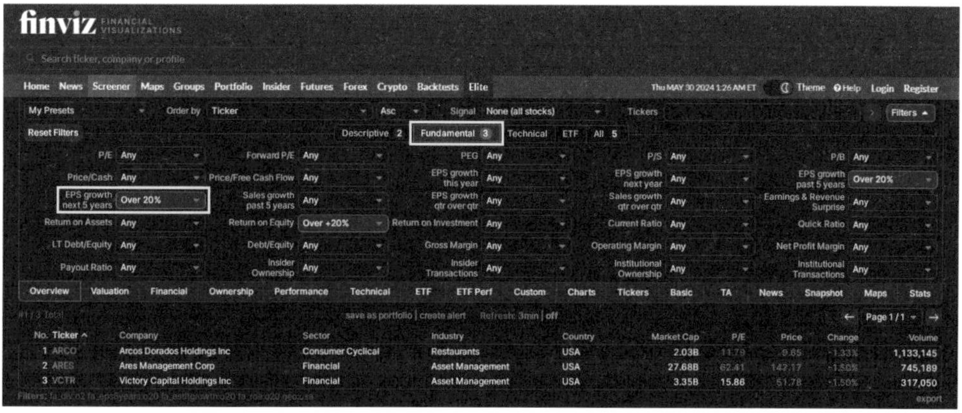

④ 'Fundamental' 클릭 뒤 'EPS growth next 5 years'에서 'Over 20%' 선택.

이렇게 필터링한 3개의 기업 중 하나는 아레스 매니지먼트(티커명 ARES)이고 다른 하나는 아르코스 도라도스(티커명 ARCO)입니다. 아레스 매니지먼트는 대체 투자로 유명한 기업이고, 한국 배당 투자자들이 많이 투자하는 고배당주 아레스 캐피털(ARCC)의 모기업입니다. ARES는 지난 5년간 아름다운 우상향 차트를 보여주고 있습니다.

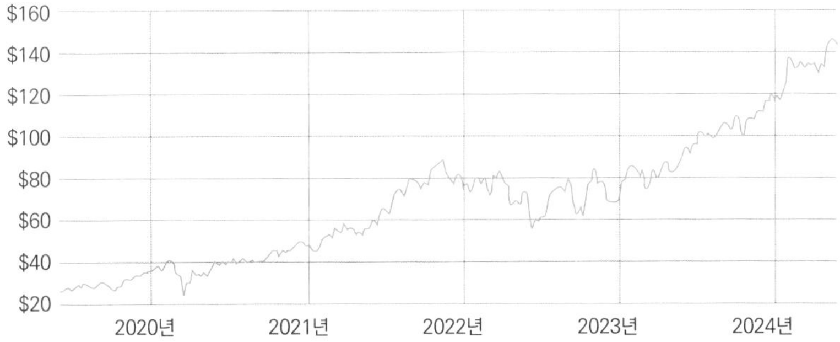

아레스 매니지먼트(ARES)의 5년 주가 차트

아르코스 도라도스는 맥도날드의 중남미 체인입니다. 신세계가 스타벅스를 한국에서 운영하고 로열티를 지불하는 것처럼 도라도스도 중남미에서 맥도날드를 운영하는 것입니다.

이렇게 스스로 종목을 발굴하고 공부한 후에 투자하면, 소위 주식 전문가들의 화려한 언변이나 현란한 차트 분석에 신경 쓸 이유가 없어집니다. 왜냐하면 세계 최고의 배당주나 성장주를 스스로 발굴하는 방법을 이미 알고 있기 때문입니다.

29

좋은 미국 ETF 찾는 법

etf.com 기본 활용 방법

미국 주식 시장 정보를 무료로 얻을 수 있는 사이트로는 핀비즈 외에도 ETF를 전문으로 하는 etf.com이 있습니다. 구글 및 애플과 제휴되어 있어, 별도의 가입 없이도 좋은 ETF를 찾는 필터링 도구로 활용할 수 있습니다. 핀비즈에서도 가능하지만, 이번에는 etf.com을 이용하여 좋은 ETF 찾는 방법을 알아보겠습니다.

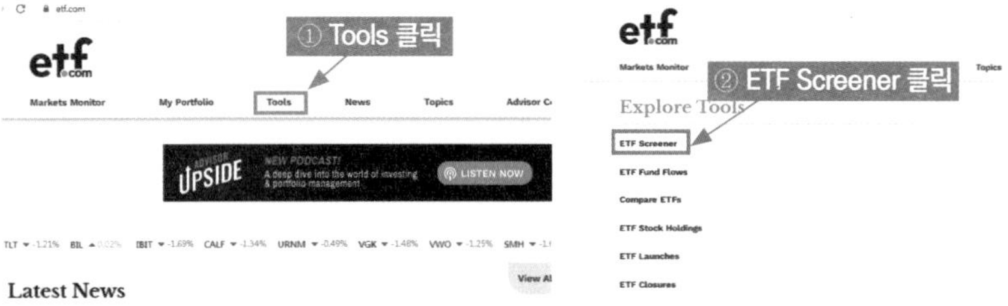

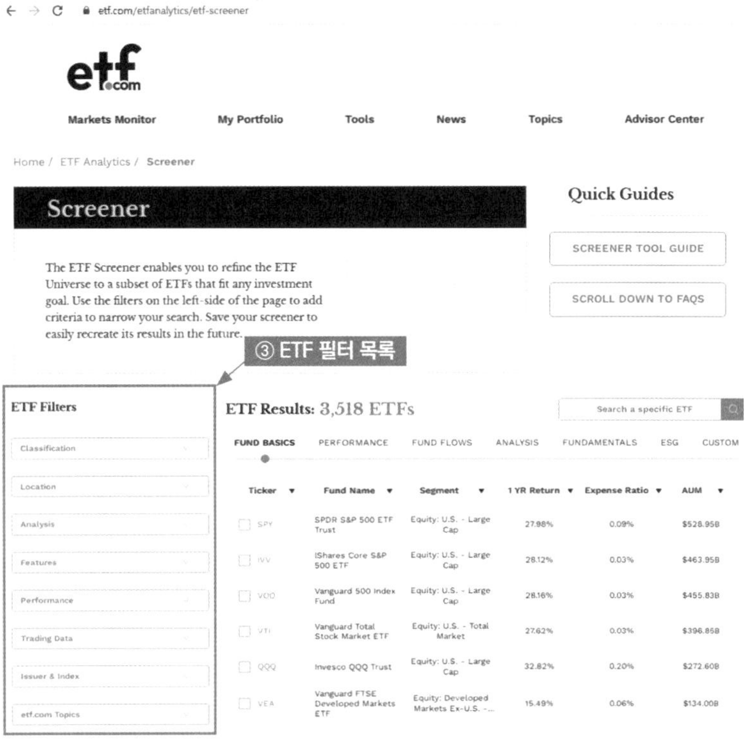

먼저 etf.com에 들어가서, 'Tools'를 클릭한 뒤 왼편의 'ETF Screener'를 클릭합니다.

화면을 스크롤로 내리면 필터들이 나옵니다.

이 화면을 보면서 독자가 원하는 투자 분야(산업 섹터), 원하는 배당률, PER 등을 클릭하면서 지정하면 됩니다.

투자하고자 하는 ETF의 기대 수익률을 선정하고, 마지막으로 수수료와 일 평균 거래량을 클릭합니다. 그러면 투자하고자 하는 기준에 맞는 ETF를 찾을 수 있습니다.

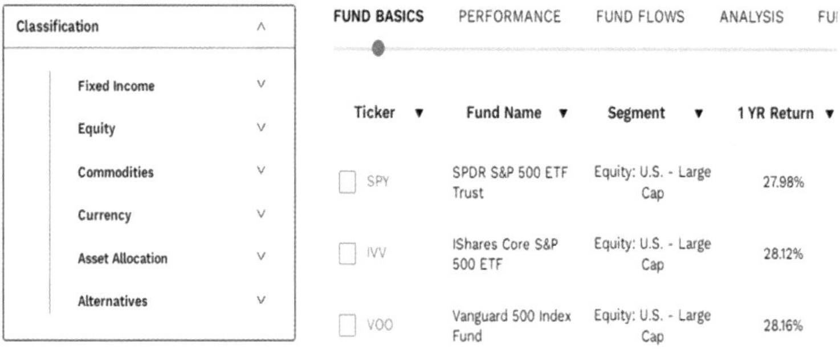

투자 대상 분야

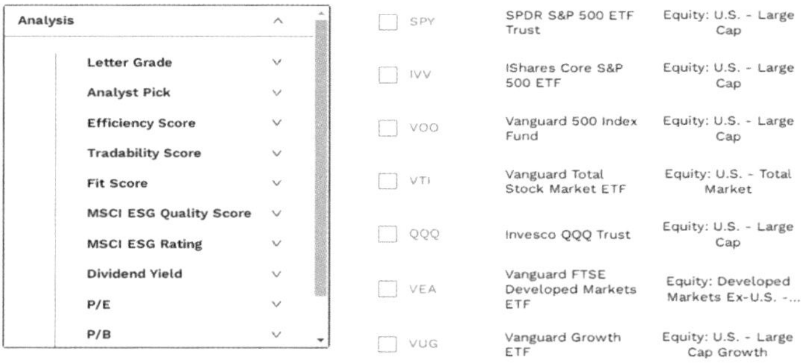

투자 희망 조건

ETF의 기대 수익률

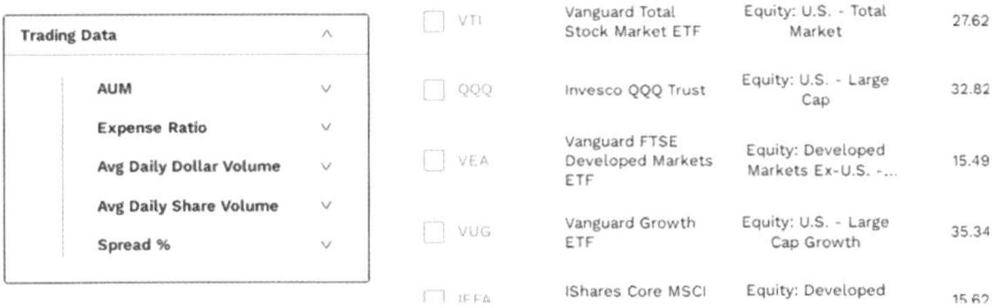

수수료와 일 평균 거래량

예시 2024년 연간 수익률이 30% 이상이면서 수수료 0.5% 이하인 ETF 찾기

먼저 수수료 입력 화면에서 0.5% 미만인 ETF를 찾기 위해 화면 왼편의 메뉴에서 'Trading Data'를 클릭 뒤 'Expense Ratio' 메뉴에서 0.5를 입력하면, 오른편 화면에 수수료 0.5% 미만의 ETF가 필터링되어서 나옵니다.

추가적으로 2024년 수익률이 30% 이상인 ETF를 필터링하기 위해, 왼편의 메뉴에서 'Perfomance'를 클릭한 뒤 'YTD Total Return'을 클릭하여, 그 밑에 'Range'에서 최소값을 30으로 입력합니다.

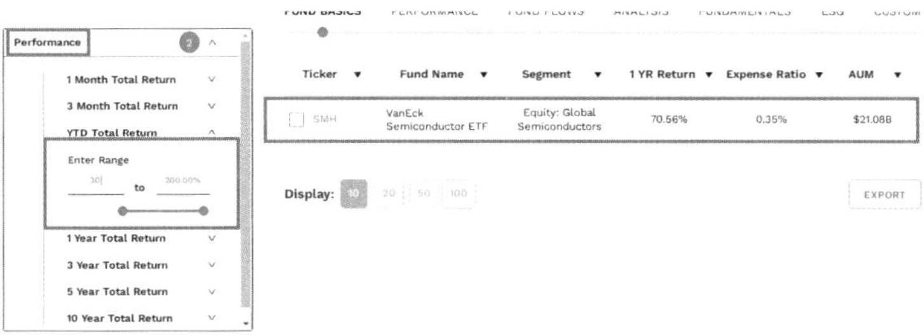

이 2가지 조건으로 필터링해보면, 3,000개가 넘는 미국 ETF 중에 2024년 5월 말 기준으로 30% 이상 수익을 내고 수수료는 0.5% 미만인 ETF는 SMH뿐입니다. 서학 개미가 가장 많이 투자하는 반도체 ETF 중 하나인데, 서학 개미들의 투자 안목이 참 높고 훌륭합니다.

이처럼 etf.com을 통해 수수료가 저렴하고 성과가 좋은 ETF를 스스로 찾아내어 공부하고 투자할 수 있습니다.

30

투자하기 전에 백테스트해보는 법

과거를 보면 미래가 보인다

우리가 etf.com이나 핀비즈를 통해 발굴한 종목이나 주식이 과거에 어떠한 성과를 보였는지 알아보는 것은 투자 성과를 높이는 데 많은 도움이 됩니다. 예를 들어 우리 서학 개미들이 가장 사랑하는 ETF인 SCHD와 SPY(혹은 SPLG), QQQ(혹은 QQQM)에 투자하고 싶은데, 각각 어느 정도의 비중으로 투자하면 좋을지 미리 알아본다면 큰 도움이 될 것입니다. 또한 5개의 종목에 투자하려는데 이 종목들의 비중을 어떻게 나누는 것이 가장 좋을지 안다면 역시 투자 성과를 높이는 데 큰 도움이 될 것입니다.

무료로 이러한 백테스트를 해볼 수 있는 사이트가 몇 곳 있는데, 이 중 가장 널리 쓰이는 것이 바로 포트폴리오 비주얼라이저

(portfoliovisualizer.com)입니다. 필자는 ETF를 매수하기 전에 이 사이트에 들어가서 여러 가지 백테스트를 합니다.

포트폴리오 비주얼라이저에서는 무료로 다양한 조건의 백테스트를 할 수 있습니다만, 최근 들어 유저가 꼭 광고를 볼 수밖에 없도록 하는 등 인터페이스가 조금은 불편해졌습니다. 그래도 필자가 소개하는 방법대로 따라 하면 이용하는 데에 큰 불편은 없을 겁니다.

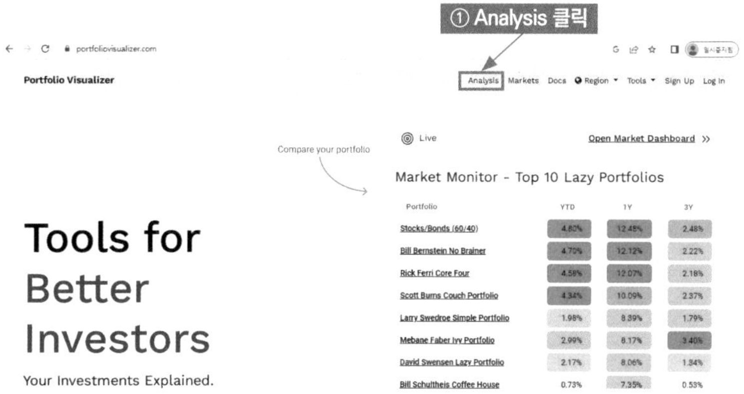

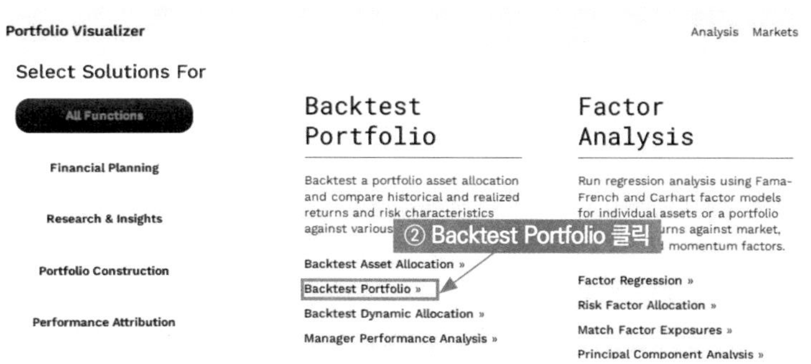

먼저 포트폴리오 비주얼라이저 사이트에 들어가서, 'Aanlaysis'를 클릭한 후에, 다음 화면에서 'Backtest Portfolio'를 클릭합니다.

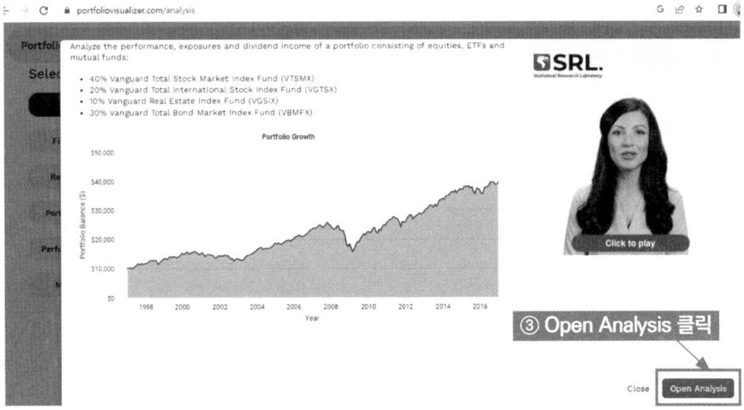

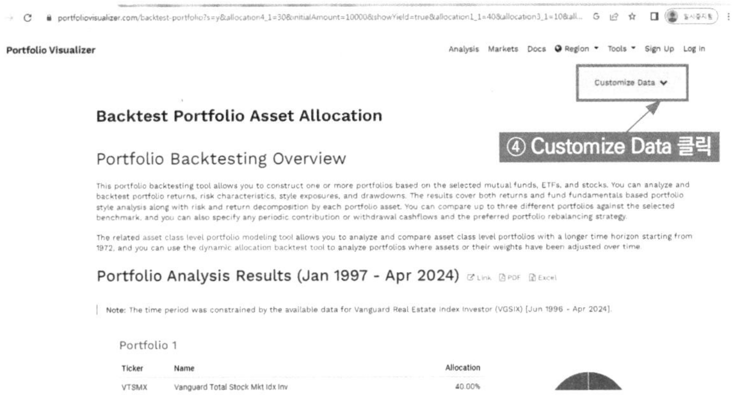

오른쪽 하단의 조그만 글씨로 써 있는 'Open Analysis'를 클릭합니다. 그런 뒤 다음 화면에서 'Customize Data'를 클릭합니다.

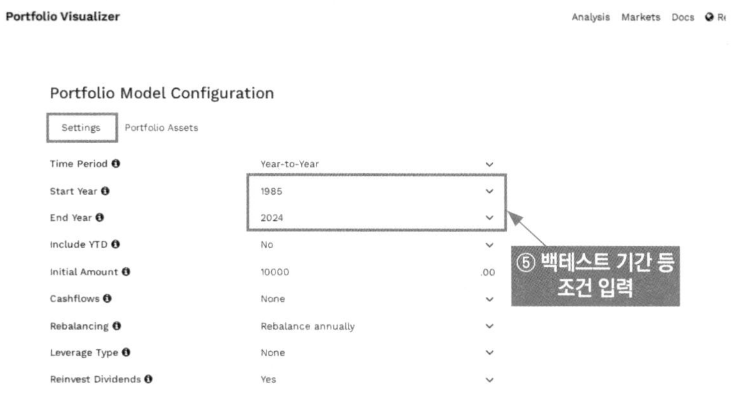

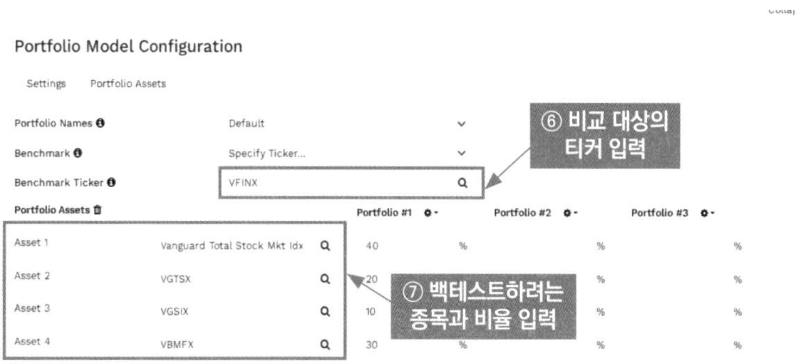

메뉴에서 'Settings'를 누르고 백테스트하고자 하는 기간을 입력합니다. 그런 뒤 'Portfolio Assets'를 누르고 독자가 기준으로 삼고 싶은 비교 대상(벤치마크 대상)의 티커를 입력합니다.

그다음으로 독자가 원하는 ETF나 종목(독자가 백테스트해보고 싶은 포트폴리오)을 입력합니다. 종목의 티커명이나 이름을 입력하면 자동적으로 유사한 종목들이 올라오니 클릭해서 선정하면 됩니다. 참고로 포트폴리오의 전체 총합은 100%로 맞추어야 합니다. 그러지 않으면 백테스트가 되지 않습니다.

이렇게 조건을 입력하고 계산 버튼을 클릭하면 그림과 같은 백테스트 결과를 볼 수 있습니다. 이러한 차트 외에도 해당 포트폴리오가 비교 기간에 얼마나 수익을 냈는지 등 다양한 결과를 볼 수 있습니다.

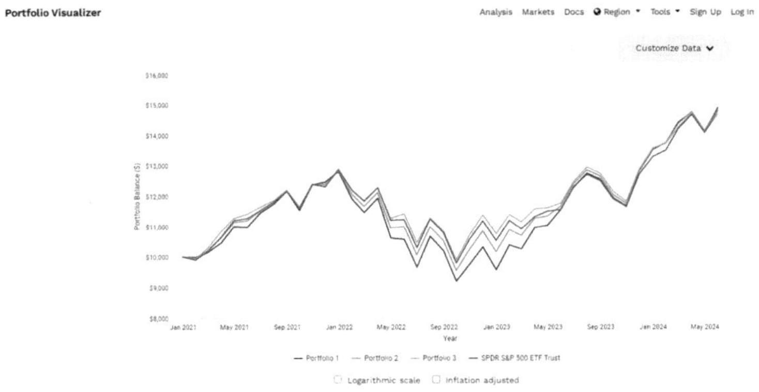

포트폴리오 비주얼라이저 백테스트 결과

우리는 이렇게 핀비즈와 etf.com에서 발굴한 좋은 종목들을 포트폴리오 비주얼라이저를 활용해 백테스트해볼 수 있습니다.

즉 자신이 투자하고 싶은 종목을 발굴하고, 그 종목들을 어떤 비중으로 투자하면 좋을지 알게 된 것입니다. 특히 포트폴리오 비주얼라저의 장점은 우리의 포트폴리오가 과거의 하락장에서 최대 얼마까지 하락했는지를 알 수 있다는 점입니다.

이 하락 폭이 자신이 견딜 수 있는 범위를 넘는다고 판단되면 투자 종목의 비중을 조절하거나, 다른 종목으로 교체하면 됩니다. 이러한 과정을 통해 자신에게 맞는 최적의 투자 포트폴리오를 만들 수 있습니다.

아무런 정보도 없이 생각나는 대로 이 종목 저 종목을 사고 파는 것과 이렇게 백테스트를 통해 신중하게 포트폴리오를 구성하여 투자하는 것은 하늘과 땅 차이일 겁니다. 투자하기 전에 꼭 포트폴리오의 기대 수익률과 최대 하락 폭을 미리 머리에 담아두어야 합니다.

주식 투자를 하다 망하는 이유는 공부는 안 하면서 돈을 빨리 벌고자 하는 탐욕 때문입니다. 일확천금을 노리거나 한방에 텐배거를 뽑겠다는 생각에 사기꾼에게 넘어가는 것입니다. 리딩방을 들락거리거나, 작전주나 테마주를 쫓아다니는 것은 패망의 지름길입니다. 제가 알려드린 방법을 통해 좋은 종목을 발굴하고 포트폴리오를 탄탄하게 만든다면 성공할 수 있는 가능성이 훨씬 높아질 것입니다.

31

좋은 한국 고배당주 찾는 법

네이버 이용해서 배당주 찾기

코스피에도 6% 고배당을 주는 탄탄한 주식들이 있습니다. 필자도 국내 배당 투자로는 현대차2우B, SK텔레콤, 그리고 국내 금융주 ETF까지 3종목을 보유하고 있습니다.

괜찮은 한국 고배당주는 네이버를 이용하면 쉽게 찾을 수 있습니다. 먼저 네이버 증권 사이트(finance.naver.com)에 들어가서, 아래 순서대로 하나씩 클릭하면 됩니다.

① '국내증시' 클릭.

② 왼편 중상단의 '배당' 버튼 클릭.

③ '코스피'와 '코스닥' 중 원하는 시장 클릭.

④ ‘수익률’을 더블클릭(코스피 배당률 순위대로 정렬).

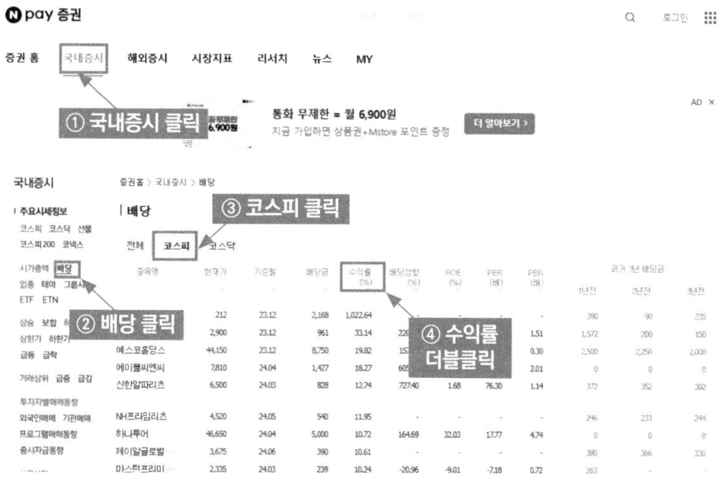

6% 이상 배당을 주는 기업은 총 88곳입니다. 국내 고배당주 순위 1위는 ‘한국패러렐’로 배당률이 934%네요. 주가는 232원인데, 2,168원을 배당했습니다. 조금 이상한 수치이고, 2024년에도 이렇게 할지는 알 수 없습니다. 코스피 고배당주 2위는 스타리츠로, 배당률은 24%입니다.

그러나 6% 이상 국내 고배당주 88개 종목 모두를 공부할 수도, 투자할 수도 없으니, 몇 가지 조건을 걸어 국내 우수 고배당주 순위를 만들어보겠습니다. 배당 안정성을 중요시하여 필터링 기준을 다음과 같이 설정했습니다.

1) 3년간 배당 삭감 혹은 중지 기업 제외.

2) 배당 성향 100% 이상 혹은 배당 삭감 기업 제외.

3) 3년 이상 배당 기록 없으면 제외.

배당 성향이 100% 이상이라 함은 순이익의 100%를 배당한다는 의미이니, 뭔가 문제가 있는 것입니다. 그리고 중간에 배당을 삭감한 기업 역시 배당 안정성에 믿음이 안 가기에 제외했습니다. 또한 최근에 상장되어 3년 이상 배당 기록이 없는 기업 역시 역사가 너무 짧으므로 제외하였습니다.

이렇게 3가지 기준으로 필터링한 안정적인 국내 6% 이상 배당주 순위를 정리하면 다음과 같습니다. 이 32개 한국 고배당주 리스트는 알아두면 좋을 것입니다.

안전한 국내 고배당주 32개 종목(2024년 5월 말 기준)

순위	종목명	현재가	기준월	배당금	수익률 (%)	배당 성향 (%)	과거 3년 배당금		
							1년 전	2년 전	3년 전
1	미래에셋맵스리츠	3,180	'23.11	284	8.93	48.98	279	268	129
2	이지스밸류리츠	4,970	'23.08	406	8.17	30.2	293	292	58
3	현대차3우B	152,800	'24.02	11,450	7.49	25.07	7,050	5,050	3,050
4	E1	69,200	'23.12	5,150	7.44	13.97	3,600	2,200	2,200
5	현대차우	154,800	'24.02	11,450	7.4	25.07	7,050	5,050	3,050
6	현대차2우B	157,300	'24.02	11,500	7.31	25.07	7,100	5,100	3,100
7	한국자산신탁	3,050	'24.03	220	7.21	20.77	220	220	220
8	동국홀딩스	8,330	'23.12	600	7.2	8.29	500	400	200
9	기업은행	13,850	'24.03	984	7.11	29.39	960	780	471
10	HS애드	6,400	'23.12	450	7.03	45.01	400	350	300
11	광주신세계	31,600	'23.12	2,200	6.96	36.27.	2,200	1,700	700
12	SK텔레콤	51,300	'23.12	3,540	6.9	70.01	3,320	2,660	2,000

순위	종목명	현재가	기준월	배당금	수익률 (%)	배당 성향 (%)	과거 3년 배당금		
							1년 전	2년 전	3년 전
13	GS우	37,650	'23.12	2,550	6.77	18.2	2,550	2,050	1,950
14	SK디앤디	11,870	'23.12	800	6.74	17.22	800	800	600
15	LG유플러스	9,780	'23.12	650	6.65	44.86	650	550	450
16	KPX케미칼	45,250	'23.12	3,000	6.63	21.99	2,750	2,750	2,750
17	SGC에너지	25,800	'23.12	1,700	6.59	58.41	1,700	1,500	1,500
18	이지스레지던스리츠	4,050	'23.12	266	6.57	49.43	266	262	130
19	삼성화재우	244,000	'24.03	16,005	6.56	37.4	13,805	12,005	8,805
20	현대해상	31,600	'24.03	2,063	6.53	26.61	1,965	1,480	1,000
21	JB금융지주	13,110	'24.02	855	6.52	28	835	599	374
22	삼성카드	38,350	'24.03	2,500	6.52	43.77	2,500	2,300	1,800
23	삼양홀딩스우	54,900	'23.12	3,550	6.47	15.72	3,550	3,050	2,300
24	한일홀딩스	12,660	'23.12	800	6.32	23.64	800	514	477
25	한국주철관	6,390	'23.12	400	6.26	50.72	400	400	200
26	한일시멘트	12,870	'23.12	800	6.22	32.56	580	540	510
27	삼양사우	29,050	'23.12	1,800	6.2	16.45	1,300	1,300	1,300
28	한전KPS	34,850	'23.12	2,158	6.19	59.69	1,305	1,199	1,146
29	텔코웨어	10,360	'23.12	640	6.18	66.85	600	500	480
30	맥쿼리인프라	12,630	'23.12	772	6.11	-	764	743	712
31	코오롱인더우	22,150	'23.12	1,350	6.09	92.39	1,350	1,350	1,050
32	HL홀딩스	33,250	'24.03	2,000	6.01	37.94	2,000	2,000	2,000

그러나 필자는 이 33개 종목도 너무 많다고 생각하여, 한 번 더 필터링을 해 최고의 국내 고배당주를 골라보려고 합니다. 이번에는 배당 성장을 고려하여 4년 연속 배당이 증가한 기업으로 다시 한번 필터링을 해보았습니다. 최종적으로 17개가 나오네요.

이 종목들이 투자해볼 만한 고배당주 리스트라고 할 수 있습니다.

안전한 국내 고배당주 17개

순위	종목명	현재가	기준 월	배당금	수익률 (%)	배당 성향 (%)	과거 3년 배당금		
							1년 전	2년 전	3년 전
1	미래에셋맵스리츠	3,180	23.11	284	8.93	48.98	279	268	129
2	이지스밸류리츠	4,970	23.08	406	8.17	30.2	293	292	58
3	현대차3우B	152,800	24.02	11,450	7.49	25.07	7,050	5,050	3,050
4	E1	69,200	23.12	5,150	7.44	13.97	3,600	2,200	2,200
5	현대차우	154,800	24.02	11,450	7.4	25.07	7,050	5,050	3,050
6	현대차2우B	157,300	24.02	11,500	7.31	25.07	7,100	5,100	3,100
7	동국홀딩스	8,330	23.12	600	7.2	8.29	500	400	200
8	기업은행	13,850	24.03	984	7.11	29.39	960	780	471
9	HS애드	6,400	23.12	450	7.03	45.01	400	350	300
10	SK텔레콤	51,300	23.12	3,540	6.9	70.01	3,320	2,660	2,000
11	삼성화재우	244,000	24.03	16,005	6.56	37.4	13,805	12,005	8,805
12	현대해상	31,600	24.03	2,063	6.53	26.61	1,965	1,480	1,000
13	JB금융지주	13,110	24.02	855	6.52	28	835	599	374
14	한일시멘트	12,870	23.12	800	6.22	32.56	580	540	510
15	한전KPS	34,850	23.12	2,158	6.19	59.69	1,305	1,199	1,146
16	텔코웨어	10,360	23.12	640	6.18	66.85	600	500	480
17	맥쿼리인프라	12,630	23.12	772	6.11	-	764	743	712

국내에서도 네이버 증권에서 제공하는 다양한 필터링 방법을 사용하면 이런 식으로 괜찮은 고배당주를 스스로 찾아서 투자할 수 있습니다.

32

좋은 한국 ETF 찾는 법

네이버 이용해서 국내 ETF 찾기

네이버 증권에서 제공하는 정보를 통해서 국내 고배당주뿐만 아니라 수익률 좋은 국내 ETF도 찾을 수 있습니다. 연말정산 세액 공제와 종합 소득세 절감을 위해서 ISA와 IRP 계좌를 이용해 국내 ETF를 매수하면 절세에 도움이 됩니다.

국내 ETF 중 해외 지수를 추종하는 ETF 위주로 설명을 드리겠습니다. 방법은 한국 고배당주 찾는 방법과 유사합니다.

① 네이버 증권 화면에서 왼편의 'ETF' 클릭.

② 화면 오른쪽의 '해외 주식' 클릭.

③ '3개월 수익률' 더블클릭(수익률 순위대로 정렬).

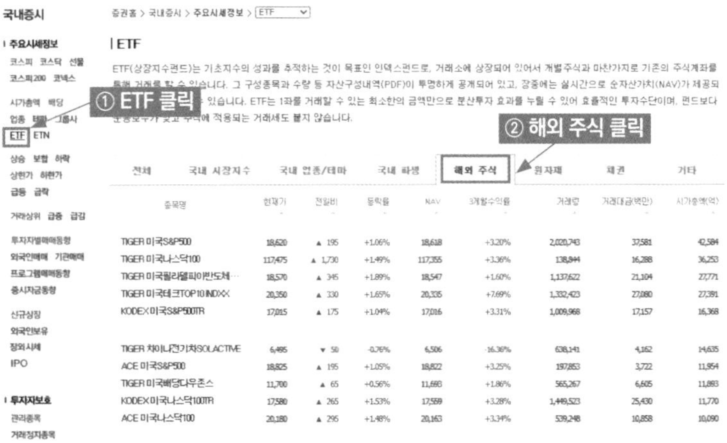

종목명	현재가	전일비	등락률	NAV	3개월수익률	거래량	거래대금(백만)	시가총액(억)
TIGER 미국S&P500	18,620	▲ 195	+1.06%	18,618	+3.20%	2,020,743	37,581	42,584
TIGER 미국나스닥100	117,475	▲ 1,730	+1.49%	117,355	+3.36%	138,844	16,288	36,253
TIGER 미국필라델피아반도체…	18,570	▲ 345	+1.89%	18,547	+1.60%	1,137,622	21,104	27,771
TIGER 미국테크TOP10 INDXX	20,350	▲ 330	+1.65%	20,335	+7.69%	1,332,423	27,080	27,391
KODEX 미국S&P500TR	17,015	▲ 175	+1.04%	17,016	+3.31%	1,009,968	17,157	16,368
TIGER 차이나전기차SOLACTIVE	6,495	▼ 50	-0.76%	6,506	-16.36%	638,141	4,162	14,635
ACE 미국S&P500	18,825	▲ 195	+1.05%	18,822	+3.25%	197,853	3,722	11,954
TIGER 미국배당다우존스	11,700	▲ 65	+0.56%	11,693	+1.86%	565,267	6,605	11,893
KODEX 미국나스닥100TR	17,580	▲ 265	+1.53%	17,559	+3.28%	1,449,523	25,430	11,770
ACE 미국나스닥100	20,180	▲ 295	+1.48%	20,163	+3.34%	539,248	10,858	10,090

종목명	현재가	전일비	등락률	NAV	3개월수익률	거래량	거래대금(백만)	시가총액(억)
SOL 미국테크TOP10	10,960	▲ 180	+1.67%	10,945	N/A	71,916	786	1,359
SOL 미국테크TOP10인버스(…	9,130	▼ 115	-1.24%	9,117	N/A	38	0	73
TIGER 미국S&P500+10%프리…	10,155	▲ 110	+1.10%	10,142	N/A	242,491	2,459	1,412
KOSEF 미국블록버스터바이…	10,380	▲ 10	+0.10%	10,401	N/A	1,077	11	125
KODEX 미국AI테크TOP10+15…	10,120	▲ 120	+1.20%	10,109	N/A	660,674	6,682	2,834
KODEX 미국배당+10%프리미…	10,040	▲ 5	+0.05%	10,032	N/A	136,617	1,370	512
ACE 엔비디아밸류체인액티브	9,340	▲ 220	+2.41%	9,318	N/A	311,436	2,911	1,401
ACE 마이크로소프트밸류체인…	10,160	▲ 205	+2.06%	10,149	N/A	16,962	171	493
ACE 구글밸류체인액티브	9,385	▲ 175	+1.90%	9,378	N/A	7,932	74	422
ACE 애플밸류체인액티브	10,090	▲ 90	+0.90%	10,049	N/A	47,327	476	610

네이버에서 제공하는 정보로는 시가 총액, 거래량 등이 있으니, 이 중에서 거래량이 많고, 독자들의 투자 스타일과 수수료 등을 점검하여 자신에게 맞는 ETF를 스스로 발굴하여 투자할 수 있습니다.

해외 지수 추종 ETF 외에도 원자재, 국내 상장 지수, 채권 등 독자가 원하는 투자 종목을 클릭하여 적합한 ETF를 발굴할 수 있습니다.

33

바로 써먹는 미국 배당주 포트폴리오

S&P500에 밀리지 않는 배당 포트폴리오

배당 투자를 시작하려 해도, 어떤 종목을 골라 어떤 식으로 포트폴리오를 만들지 막연하게 느껴지실 겁니다. 그래서 바로 투자에 써먹을 수 있는 몇 가지 월 배당 포트폴리오를 제시하려고 합니다. 물론 단언할 수는 없습니다만, 필자의 경험에 따르면 이 포트폴리오들은 시장이 급락할 때도 덜 하락하고 시장이 상승할 때는 그 상승분을 따라가는 모습을 보여줬습니다. 실제로 필자가 이런 식으로 4년간 포트폴리오를 운영하면서 S&P500에 밀리지 않았음을 블로그에 매달 올리기도 했습니다.

필자가 운영 중인 배당 투자 포트폴리오는 축구 포메이션 배치와 비슷합니다. 종목을 공격수, 미드필더, 수비수로 나누고 있습니다. 물론 이러한 방법이 100% 옳다는 것은 아니고, 투자 포트폴리오 예시의 하나로 참고하시면 됩니다. 배당률은 세후 4.2% 수준입니다.

공격수	마이크로소프트, 애플, 알파벳, 테슬라, 아마존, TSMC
미드필더	아이언마운틴, 리얼티인컴, 화이자, 버라이즌, SK텔레콤, 현재차2우B, 배당 ETF(SCHD, JEPI, DIVO, JEPQ, BST)
수비수	미국 장기 채권 ETF (TLT, TMF, ACE 미국 30년 국채)

필자의 배당주 포트폴리오

공격, 미드필더, 수비라는 기본 구성에 맞춰 다양한 포트폴리오를 만들 수 있습니다.

예를 든다면 공격수로 M7을 배치할 수도 있고, 종목 고르기가 어렵다면 나스닥100 ETF인 QQQ나 QQQM으로 대신할 수도 있습니다. ASML이나 TSMC, 퀄컴, 브로드컴 같은 기술주에 투자해도 됩니다. 아니면 아예 엔비디아를 포함해 반도체주에 투자하는 ETF(대표적으로 SMH와 SOXX 등이 있습니다)에 투자해도 됩니다.

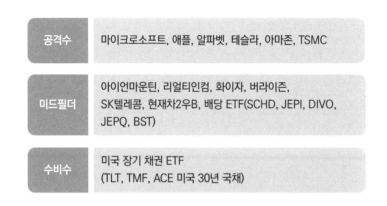

중요한 요점은 배당주 투자라고 배당주에만 투자하면 2023년부터 시작된 기술주 주도의 시장 랠리에서 철저하게 소외될 수

있다는 것입니다. FOMO가 오면 장기 레이스인 배당주 투자에 회의를 품고 포기할 수 있기 때문에, 투자 포트폴리오에 항상 시장 주도주나 해당 섹터 ETF, 나스닥100 지수 ETF를 포함시켜야 합니다.

미드필더로는 50년 이상 배당을 늘려온 배당 킹 주식 혹은 25년 이상 배당을 늘려온 배당 귀족주를 배치하면 됩니다. 이런 개별주 투자가 불안하다면 배당 성장 ETF인 SCHD 혹은 월 배당 ETF인 JEPI, JEPQ, DIVO, DGRW, 혹은 리얼티인컴 같은 월 배당 주식에 투자하면 됩니다.

공격수	1) M7 개별주, 혹은 기술주 ETF 2) 나스닥100 ETF(QQQ, QQQM) 3) 반도체 ETF(SOXX, SMH)
미드필드	1) 배당 킹 50개 종목 중 엄선한 10개 주식 2) 배당 성장 ETF + 월 배당 ETF 3) 월 배당 주식(예: 리얼티인컴)
수비수	1) 미국 장기 채권 ETF(TLT) 2) 미국 국채와 회사채 채권ETF(BND)

배당투 투자 포트폴리오 기본 구성(예시)

수비수도 마찬가지로 필자가 투자하는 미국 장기 채권 ETF인 TLT 외에도 *BND와 같은 다양한 채권으로 포트폴리오를 구성할 수 있습니다.

*BND
뱅가드에서 운용하는 토털 채권 ETF. 만기가 1년 이상인 미국 국채 외에도 공채와 회사채, 미국 주택 모기지 채권 등 투자 적격 등급 이상인 채권에만 투자한다. 월 배당을 하며 배당률은 3% 이하로 TLT보다는 조금 적고, 주가 변동 역시 TLT보다는 적어 안정적인 포트폴리오를 꾸릴 수 있다.

입맛대로 고르는 배당 킹 주식

배당 킹 주식 중에서도 괜찮은 종목을 고르기 위하여 배당률 2% 이상, 배당 성장률 4%라는 조건을 걸어봅니다. 물론 배당률 2% 이하라고 좋은 배당주가 아니란 것은 절대 아닙니다. 배당률이 지나치게 적으면 배당금 자체가 적어 투자 재미가 덜하기 때문에, 배당률 2%와 배당 성장률 4%를 1차 필터링 기준으로 삼았습니다.

이렇게 하면 배당 킹 종목 54개 중에서 26개가 남습니다('*' 표시는 배당 연수에 기관별로 이견이 있어 배당 킹으로 안 보는 곳도 있는 종목).

	기업명	티커명	섹터	배당률	배당 성장률	시총	배당 증가 년수	배당주기 (월)
1	Lowe's Cos., Inc.	LOW	소비재	2.15%	18.04%	$125.90B	60	2, 5, 8, 11
2	Target Corp	TGT	소비재	3.10%	11.40%	$65.05B	55	3, 6, 9, 12
3	American States Water Co.	AWR	물	2.22%	9.35%	$2.91B	69	3, 6, 9, 12
4	Abbvie Inc	ABBV	제약	3.61%	8.34%	$286.72B	52	2, 5, 8, 11
5	Cincinnati Financial Corp.	CINF	금융	2.77%	7.43%	$16.85B	63	1, 4, 7, 10
6	Commerce Bancshares, Inc.	CBSH	금융	2.04%	7.29%	$6.90B	54	3, 6, 9, 12
7	Hormel Foods Corp.	HRL	소비재	3.56%	7.00%	$17.39B	58	2, 5, 8, 11
8	California Water Service Group	CWT	물	2.15%	7.00%	$2.81B	55	2, 5, 8, 11
9	Illinois Tool Works, Inc.*	ITW	산업재	2.20%	6.96%	$76.31B	59	1, 4, 7, 10

	기업명	티커명	섹터	배당률	배당 성장률	시총	배당 증가 년수	배당주기 (월)
10	Sysco Corp.	SYY	소비재	2.68%	6.92%	$38.21B	53	1, 4, 7, 10
11	Lancaster Colony Corp.	LANC	소비재	2.15%	6.84%	$4.72B	61	3, 6, 9, 12
12	Archer Daniels Midland Co.*	ADM	식량 곡물	3.30%	6.76%	$37.10B	50	3, 6, 9, 12
13	PepsiCo Inc	PEP	소비재	3.05%	6.62%	$229.97B	51	3, 6, 9, 12
14	Middlesex Water Co.*	MSEX	유틸리티	2.12%	6.41%	$1.10B	51	3, 6, 9, 12
15	Gorman-Rupp Co.*	GRC	산업재	2.18%	6.17%	$865.19M	51	3, 6, 9, 12
16	SJW Group	SJW	유틸리티	2.40%	6.12%	$2.04B	55	3, 6, 9, 12
17	Procter & Gamble Co.	PG	소비재	2.50%	5.73%	$354.95B	67	2, 5, 8, 11
18	Johnson & Johnson	JNJ	헬스케어	2.95%	5.67%	$390.92B	61	3, 6, 9, 12
19	Genuine Parts Co.	GPC	소비재	2.75%	5.64%	$19.46B	67	1, 4, 7, 10
20	Fortis Inc.*	FTS	유틸리티	4.27%	5.12%	$26.91B	50	3, 6, 9, 12
21	Black Hills Corporation	BKH	전기, 가스	4.63%	5.08%	$3.64B	52	3, 6, 9, 12
22	ABM Industries Inc.	ABM	산업재	2.12%	4.62%	$2.64B	56	2, 5, 8, 11
23	Kenvue Inc*	KVUE	소비재	3.65%	4.39%	$41.19B	61	2, 5, 8, 11
24	Stanley Black & Decker Inc	SWK	산업재	3.34%	4.18%	$14.64B	56	3, 6, 9, 12
25	Altria Group Inc.	MO	담배	9.42%	4.10%	$73.12B	54	1, 4, 7, 10

배당 킹 54개를 모두 공부하는 게 좋지만, 일단 이 26개 기업부터 시작해봅시다. 다만 이것도 많다 싶은 독자들을 위해 다시 필

터링을 해보겠습니다. 이번에는 배당률 2.5% 이상이며 배당 성장률 4% 이상인 주식을 골라봅니다(노파심에서 다시 말씀드리면, 배당률이 2.5% 이하라고 안 좋은 배당주가 아니란 점을 꼭 기억해주시기 바랍니다). 이렇게 하면 15개 기업이 나오는데, 이 기업으로 월 배당 포트폴리오를 구성할 수 있습니다.

	기업명	티커명	섹터	배당률	배당 성장률	시총	배당 증가 년수	배당 주기 (월)
1	Target Corp	TGT	소비재	3.10%	11.40%	$65.05B	55	3, 6, 9, 12
2	Abbvie Inc	ABBV	제약	3.61%	8.34%	$286.72B	52	2, 5, 8, 11
3	Cincinnati Financial Corp.	CINF	금융	2.77%	7.43%	$16.85B	63	1, 4, 7, 10
4	Hormel Foods Corp.	HRL	소비재	3.56%	7.00%	$17.39B	58	2, 5, 8, 11
5	Sysco Corp.	SYY	소비재	2.68%	6.92%	$38.21B	53	1, 4, 7, 10
6	Archer Daniels Midland Co.*	ADM	식량 곡물	3.30%	6.76%	$37.10B	50	3, 6, 9, 12
7	PepsiCo Inc	PEP	소비재	3.05%	6.62%	$229.97B	51	3, 6, 9, 12
8	Procter & Gamble Co.	PG	소비재	2.50%	5.73%	$354.95B	67	2, 5, 8, 11
9	Johnson & Johnson	JNJ	헬스케어	2.95%	5.67%	$390.92B	61	3, 6, 9, 12
10	Genuine Parts Co.	GPC	소비재	2.75%	5.64%	$19.46B	67	1, 4, 7, 10
11	Fortis Inc.*	FTS	유틸리티	4.27%	5.12%	$26.91B	50	3, 6, 9, 12
12	Black Hills Corporation	BKH	전기, 가스	4.63%	5.08%	$3.64B	52	3, 6, 9, 12
13	Kenvue Inc*	KVUE	소비재	3.65%	4.39%	$41.19B	61	2, 5, 8, 11
14	Stanley Black & Decker Inc	SWK	산업재	3.34%	4.18%	$14.64B	56	3, 6, 9, 12
15	Altria Group Inc.	MO	담배	9.42%	4.10%	$73.12B	54	1, 4, 7, 10

배당 킹으로 구성하는 월 배당 포트폴리오

예를 들면 알트리아, 애브비, *펩시 이 3개 배당 킹 기업에 투자하면, 1월에는 알트리아, 2월에는 애브비, 3월에는 펩시에서 배당을 받습니다. 다시 4월이 되면 알트리아, 5월에는 애브비, 6월에는 펩시에서 배당을 받으니, 매월 배당을 받을 수 있습니다.

*펩시
펩시는 콜라 외에도 다양한 스낵류를 팔고 있다. 코카콜라가 펩시보다 훨씬 크게 느껴지지만, 실제 펩시의 매출은 코카콜라의 2배가 넘고 규모 역시 코카콜라보다 훨씬 크며 배당과 배당 성장률도 코카콜라보다 좋다.

배당 월	1, 4, 7, 10월	2, 5, 8, 11월	3, 6, 9, 12월
배당 킹 주식	신시내티 금융 그룹	애브비	타깃
	알트리아	P&G	펩시
	시스코	호멜푸드	존슨앤드존슨

배당 종목을 6개 종목으로 늘리면 2주에 한 번씩 배당을 받는 즐거움을 누릴 수 있습니다. 지난 50년 이상 배당을 매년 4% 이상씩 늘려온 기업들이 그리 쉽게 배당을 줄이지는 않을 거라 생각합니다.

분기별 배당 킹 주식 9개에 투자한다면, 거의 10일에 한 번씩 배당을 받으면서 투자를 즐길 수 있습니다. 이제 본격적으로 포트폴리오를 만들어봅시다.

방어적인 30대~50대 투자자라면

포트폴리오의 30%는 반도체와 나스닥에 투자하여 시장 주도주를 따라갑니다. 알트리아, 애브비, 타깃 등 배당 킹 3종목을 포함시켜 월 배당을 받고, JEPI와 JEPQ, SCHD 등 하락에 대한 내성이 있는 ETF를 포함시켜 배당주에 60% 정도를 투자합니다.

필요에 따라 채권 ETF로 국채와 회사채에 10% 정도 투자하면 하락에도 탄탄한 배당 포트폴리오를 만들 수 있습니다.

30%	QQQM과 SMH(혹은 QQQM과 SOXX)
60%	1) 알트리아, 애브비, 타깃(시스코, PG, 펩시) 2) SCHD, JEPQ, JEPI 3) 리얼티인컴
10%	1) TLT 2) BND

방어적인 30~50대 투자자의 포트폴리오 예시

공격적인 20대 투자자라면

기술주 비중을 70% 전후로 끌어 올리고 나스닥 지수 추종 ETF, 반도체주, *텐 배거의 가능성이 보이는 회사 3개의 그룹으로 나누는 포트폴리오도 가능합니

* AI 시대를 맞이하여 '팔란티어'와 같은 비정형 데이터 분석 기술을 가진 기업이 유망하지 않을까? 팔란티어는 동영상 데이터를 분석하여 식별하는 뛰어난 AI 기술을 바탕으로 군사 및 물류 분야에서 많이 활용되는 기업이다. 미국이 빈 라덴을 공격할 때, 데이터 분석 기술로 은신처를 찾아낸 것으로도 유명하다.

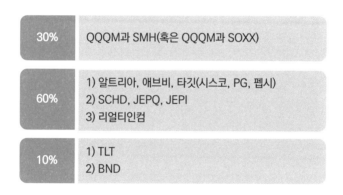

다. 나머지 20%는 S&P500에 투자하는 SPLG ETF, 10%는 배당 성장 ETF인 SCHD에 투자합니다.

이런 포트폴리오는 자본을 빠르게 성장시킬 수 있으나 심하게 하락할 수도 있습니다. 하지만 투자 가능 기간이 길어서 하락장에서도 견딜 수 있는 투자자라면 나스닥100과 반도체에 집중하는 포트폴리오가 바람직할 수 있습니다.

70%	1) QQQM과 SMH 2) M7(마이크로소프트, 애플, 엔비디아 등) 3) 팔란티어 등 성장 가능성 높은 주식(10%)
20%	SPLG
10%	SCHD

공격적인 20대 투자자의 포트폴리오 예시

물론 20대 공격형 투자자라도 투자 기질이나 하락에 견디는 멘탈에 따라 기술주 비중을 60%로 줄이고, SPLG에 20%, SCHD에 20%를 투자하는 등 조금은 덜 공격적으로 포트폴리오를 구성해도 좋습니다. 투자는 얼마나 오래 지속하는지에 따라 그 성과가 결정됩니다.

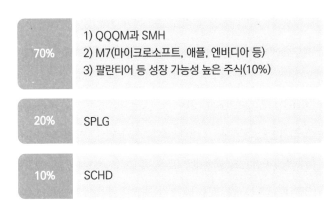

중립적인 배당 포트폴리오를 원하는 20~30대라면

이렇게 포트폴리오를 만들 수도 있습니다. 기술주 비중을 50% 정도로 유지하되, 개별주보다는 안정적인 나스닥100 추종 ETF, 혹은 반도체 ETF에 그중 다시 50%를 투자합니다. 또한 S&P500 지수에 투자하는 SPLG ETF와 배당 ETF의 비율을 40% 정도로 유지시킵니다. 필요하다면 채권에도 일부 투자해서, 하락 충격을 줄이는 포트폴리오를 꾸립니다.

50%	1) QQQM과 SMH 2) M7(마이크로소프트, 애플, 엔비디아 등)
40%	1) SPLG 2) SCHD 3) 배당 킹 주식 3개 혹은 리얼티인컴
10%	TLT(혹은 BND)

중립적인 20~30대 투자자의 포트폴리오 예시

노후 자금 관리를 위한 포트폴리오를 원하는 50대 이후 투자자라면

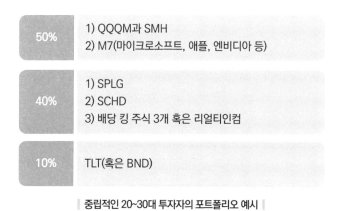

QQQM과 SPLG에 20% 정도 투자하여 시장 수익률을 따라갑니다. 대신 60% 이상을 배당 성장 ETF인 SCHD, JEPI, JEPQ 혹

은 리얼티인컴, 알트리아, 프록터앤드갬블, 존슨앤드존슨, 펩시 같은 안정적인 배당주로 구성하여 매월 배당이 나오도록 합니다. 채권도 변동성이 큰 TLT보다는 변동성이 적은 BND에 투자하여 3% 정도 월 배당을 받습니다.

채권을 10%로 줄이고 배당주를 70%로 늘릴 수도, 반대로 채권을 30%로 늘리고 배당주를 50%로 줄일 수도 있습니다. 중요한 점은 하락장에서 크게 흔들리지 않는 포트폴리오를 만드는 것입니다.

20%	1) QQQM 2) SMH
60%	1) SCHD, JEPQ, JEPI 2) 리얼티인컴 3) 배당 킹 주식(알트리아, PG, JNJ, 타깃 등)
20%	BND

노후 자금 관리용 포트폴리오 예시

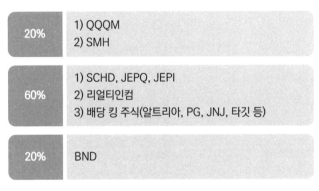

필자가 제안한 포트폴리오들은 S&P500의 성장률을 따라갈 수 있는 예시일 뿐, 이대로 투자하라는 것은 아닙니다. 자신의 투자 스타일과 목적, 기간(나이), 금액 등을 고려하여 기술주, 배당주, 채권의 균형을 잘 맞추라는 것입니다. 필자가 소개한 배당 킹 주식 외에도 괜찮은 배당 귀족주, 배당 성장주가 많습니다. 이러한 주식을 공부하면서 하나씩 발굴하고, 자신의 주식 과수원으로 옮겨 좋은 열매를 맺도록 관리해야 할 것입니다.

상승장에서 지나치게 소외되지 않으면서 따박따박 배당을 받고, 하락장에서 너무 급락하지 않는 안정적인 포트폴리오로 시장에 계속 머무는 것이 중요합니다. 하락과 상승 모두에 적응 가능한 포트폴리오를 만든 후 상승이 명확하다면 포트폴리오의 공격력을 높여주고, 반대로 하락이 명확하다면 포트폴리오의 방어력을 높여주면서 유지하면 됩니다.

경제적 자유를 꿈이 아닌 현실로 만들기 위하여

책은 낸다는 것도 시절인연이더군요 미국 배당 투자 정보를 담은 블로그를 하면서, 많은 이웃분들이 책을 내면 좋겠다는 말씀을 해주셨습니다. 고마운 말씀들이었지만 경제 비전공자가 주식책을 쓰는 게 주제 넘는 일이 아닌가 싶어 망설임이 컸습니다. 그런데 이나우스북스의 대표님께서 책을 내보자는 메일을 주셨습니다. 대표님께서는 필자처럼 경제학 전공이 아닌 일반인의 솔직한 투자 경험이 독자들에게 더 도움이 될 수도 있다고 격려해주셨습니다.

실제로 배당 투자를 해오면서 배우고 느낀 점을 정신없이 쏟아냈습니다. 단숨에 써 내려간 정신 사나운 글을 미국 주식 투자 1년차인 20대 아들이 꼼꼼히 읽고 감수해주었습니다. 부자가 함께 배당 투자에 대해 토론하면서 책을 쓰는 즐거움을 누렸습니다. 미진한 부분은 대표님과 편집자님이 다시 틀을 잡고 꼼꼼하게 수정해주셨습니다. 대표님과 편집자님께 감사드립니다.

산은 멀리서 보면 그림처럼 아름답지만, 막상 등산을 하려고 가까이 다가가면 온통 울퉁불퉁한 바위와 자갈뿐입니다.

주식 투자도 마찬가지입니다. 다우 지수와 S&P500 지수를 멀리서 보면 아름다운 우상향의 연속입니다. 그러나 막상 주식 투자에 뛰어들면 하루에 3%씩 하락하기도 하고 심지어는 10%씩 하락하기도 합니다. 그런 날을 겪으면 '주식 투자 못 해먹겠다'는 두려움이 밀려듭니다. 그러나 매일매일 꾸준히 울퉁불퉁하고 거친 길을 걷다 보면, 어느새 정상에 서 있는 자신을 발견하게 될 것입니다.

배당 투자를 이미 시작하신 분들, 배당 투자로 평생 든든한 배당머신을 만들려고 하는 독자분들이 꼭 기억하면 좋을 3가지 격언을 말씀드리며 책을 마무리하려고 합니다.

첫째는 주식 투자의 승부는 머리가 아닌 엉덩이에서 난다는 것입니다. 하버드 경제학 교수보다 세탁소 사장님의 투자 성과가 더 좋을 수 있는 싸움터가 바로 주식 시장입니다. 주식 시장은 명석함이 아닌 인내가 강한 사람이 이기는 곳임을 항상 유념하시기 바랍니다.

둘째는 하루라도 빨리 투자하라는 것입니다. 투자에서 가장 큰 리스크는 주가 하락이 아니라 장기 투자를 하지 않아서 복리 효과를 얻지 못하는 것입니다. 시장보다 많이 안다고 착각하거나 오판하지 말고 투자를 빨리 시작하는 것이 좋습니다,

셋째는 무슨 일이 있더라도 투자를 멈추지 말라는 것입니다. 이 조언은 필자가 존경하는 투자가인 잭 보글 회장이 일관되게 강조한 것입니다. 잭 보글 회장의 말을 빌리자면, "수천수만 번도 더 말했던 것이지만, 무슨 일이 있더라도 투자를 멈추지 마세요."

꾸준히 적립식 분산 투자를 하며 차곡차곡 쌓여가는 배당금의 즐거움을 느끼다 보면, 어느 순간 자신도 모르게 경제적 자유에 도달해 있을 것입니다. 독자 여러분의 평온하고 성공적인 배당 투자를 기원합니다.

월 50만 원으로 8억 만드는 배당머신

저　　자	평온 · 김지형
발 행 인	서원진
출판본부장	류현수
편집 · 교정	김정우
편집디자인	이미영
발 행 처	이나우스북스
펴 낸 날	2024년 11월 18일 초판 1쇄 발행 2025년 3월 28일 초판 8쇄 발행
주　　소	서울특별시 중구 동호로 14길 5-6(신당동)
등　　록	1976. 11. 5. 제9-81호
대 표 전 화	02) 2231-7027
F A X	02) 2231-7994
구 입 문 의	02) 2231-7027~9
I S B N	979-11-6064-325-1 03320
정　　가	19,000원

- 이나우스북스는 좋은 책을 만들기 위해 독자 여러분의 의견을 기다립니다.
  독자 의견 및 도서 문의 메일 : josetop@inaus.co.kr

이나우스북스는 (주)조세통람의 교양 · 경제경영 도서를 출간하는 브랜드입니다.